Hermann Hesse, am 2. Juli 1877 in Calw/Württemberg als Sohn eines baltendeutschen Missionars und der Tochter eines schwäbischen Indologen geboren, 1946 ausgezeichnet mit dem Nobelpreis für Literatur, ist am 9. August 1962 in Montagnola bei Lugano gestorben.

Seine Bücher, Romane, Erzählungen, Betrachtungen, Gedichte, politischen, literatur- und kulturkritischen Schriften sind mittlerweile mit einer Gesamtauflage von 100 Millionen Exemplaren in aller Welt verbreitet und haben ihn zum meistgelesenen europäischen Autor des 20. Jahrhunderts in den USA, Japan und Korea gemacht.

Es gibt wenige Autoren, deren Schriften sich so sehr zur Regeneration von den Zumutungen des Alltags eignen, wie diejenigen Hermann Hesses. Die Kontemplation, die der Verfasser von Betrachtungen wie »Die Kunst des Müßiggangs« und »Kleine Freuden« unserer Hektik und Reizüberflutung entgegensetzt, orientiert sich an den organischen Kraftquellen der Natur und den ästhetischen Gegenwelten der Kultur, die er zu erschließen und zu vermitteln versteht wie kaum ein anderer Dichter unseres Jahrhunderts. Mit musikalischer Sprachkraft und einem wahlverwandten Verhältnis zu den alternativen Kulturen Asiens aktiviert er unsere verdrängten Reserven und macht uns Mut, jeden neuen Tag wie ein Abenteuer mit Neugier und Zuversicht zu beginnen.

insel taschenbuch 2538

Hesse für Gestreßte

Hesse für Gestreßte

Vorgestellt von Volker Michels

Insel Verlag

9. Auflage 2026

Erste Auflage 1999
insel taschenbuch 2538

Umschlag nach Entwürfen von Willy Fleckhaus
Umschlagfoto: Andreas Feininger
Satz: Satz-Offizin Hümmer GmbH, Waldbüttelbrunn
Druck: CPI books GmbH, Leck
Printed in Germany
ISBN 978-3-458-34238-0

Insel Verlag Anton Kippenberg GmbH & Co. KG
Torstraße 44, 10119 Berlin
info@insel-verlag.de
www.insel-verlag.de

Inhalt

Alles Sichtbare ist Ausdruck

Mensch und Natur

Alles Sichtbare ist Ausdruck, alle Natur ist Bild, ist Sprache und farbige Hieroglyphenschrift. Wir sind heute, trotz einer hoch entwickelten Naturwissenschaft, für das eigentliche Schauen nicht eben gut vorbereitet und erzogen, und stehen überhaupt mit der Natur eher auf dem Kriegsfuß. Andere Zeiten, vielleicht alle Zeiten, alle früheren Epochen bis zur Eroberung der Erde durch die Technik und Industrie, haben für die zauberhafte Zeichensprache der Natur ein Gefühl und Verständnis gehabt, und haben sie einfacher und unschuldiger zu lesen verstanden als wir. Dies Gefühl war durchaus nicht ein sentimentales, das sentimentale Verhältnis des Menschen zur Natur ist noch ziemlich neuen Datums, ja es ist vielleicht erst aus unserem schlechten Gewissen der Natur gegenüber entstanden.

Kleine Freuden, S. 284 f.

Wir sollen unser eigenes Wesen und nicht nur das körperliche dem Ganzen verwandt und eingeordnet fühlen. Erst dann haben wir wirkliche Beziehungen zur Natur.

Die Kunst des Müßiggangs, S. 101

Es gibt so Schönes

Es gibt so Schönes in der Welt,
Daran du nie dich satt erquickst
Und das dir immer Treue hält
Und das du immer neu erblickst:
Der Blick von einer Alpe Grat,
Am grünen Meer ein stiller Pfad,
Ein Bach, der über Felsen springt,
Ein Vogel, der im Dunkel singt,
Ein Kind, das noch im Traume lacht,
Ein Sterneglanz der Winternacht,
Ein Abendrot im klaren See
Bekränzt von Alm und Firneschnee,
Ein Lied am Straßenzaun erlauscht,
Ein Gruß mit Wanderern getauscht,
Ein Denken an die Kinderzeit,
Ein immer waches, zartes Leid,
Das nächtelang mit seinem Schmerz
Dir weitet das verengte Herz
Und über Sternen schön und bleich
Dir baut ein fernes Heimwehreich.

Gedichte 1902, S. 33

Die Dinge, die wir sehen, sind dieselben Dinge, die in uns sind. Es gibt keine Wirklichkeit als die, die wir in uns haben. Darum leben die meisten Menschen so unwirklich, weil sie die Bilder außerhalb für das Wirkliche halten und ihre eigene Welt in sich gar nicht zu Worte kommen lassen. Man kann glücklich dabei sein. Aber wenn man einmal das andere weiß, dann hat man die Wahl nicht mehr, den Weg der meisten zu gehen.

Demian, GW 5, S. 112

Wir sehen auf das harmlosere Verhältnis früherer Generation zur Natur manchmal mit Wehmut, ja mit Neid, aber wir wollen unsere Zeit nicht ernster nehmen als sie es verdient, und wir wollen uns nicht etwa darüber beklagen, daß das Beschreiten der einfachsten Wege zur Weisheit an unseren Hochschulen nicht gelehrt wird, ja daß dort statt des Erstaunens vielmehr das Gegenteil gelehrt wird: das Zählen und Messen statt des Entzückens, die Nüchternheit statt der Bezauberung, das starre Festhalten am losgetrennten Einzelnen statt des Angezogenseins vom Ganzen und Einen. Diese Hochschulen sind ja nicht Schulen der Weisheit, sie sind Schulen des Wissens; aber stillschweigend setzen sie das von ihnen nicht Lehrbare, das Erlebenkönnen, das Ergriffenseinkönnen, das Goethesche Erstaunen eben doch voraus, und ihre besten Geister kennen kein edleres Ziel, als wieder Stufe zu eben solchen Erscheinungen wie Goethe und andere echte Weise zu sein.

Kleine Freuden, S. 286f.

Neben den Gaben des Geistes und der Kunst sind die der Natur die einzigen, die uns nicht im Stich lassen, wenn es wirklich ernst wird.

Aus einem unveröffentlichten Brief ca. 1940

Unser Herz kommt dem Elementaren und scheinbar Ewigen willig und voll Liebe entgegen, schlägt mit dem Takt des Wellenganges, atmet mit dem Winde, fliegt mit den Wolken und Vögeln, fühlt Liebe und Dankbarkeit für die Schönheit der Lichter, Farben und Töne, weiß sich zu ihnen gehörig, ihnen verwandelt, und bekommt doch niemals von der ewigen Erde, dem ewigen Himmel eine andre Antwort als eben jenen gelassenen, halb spöttischen Blick des Großen für das Kleine, des Alten für das Kind, des Dauernden für das Vergängliche. Bis wir, sei es in Trotz oder Demut, in Stolz oder in Verzweiflung, dem Stummen die Sprache, dem Ewigen das Zeitliche und Sterbliche entgegenstemmen und aus dem Gefühl der Kleinheit und Vergänglichkeit das ebenso stolze wie verzweifelte Gefühl des Menschen wird, des abtrünnigsten, aber liebefähigsten, des jüngsten, aber wachsten, des verlorensten, aber leidensfähigsten Sohnes der Erde. Und siehe, unsre Ohnmacht ist gebrochen, wir ... stellen ihrer Größe die unsre entgegen, ihrer Dauer unsre Wandelbarkeit, ihrer Stummheit unsre Sprache, ihrer scheinbaren Ewigkeit unser Wissen vom Tode, ihrer Gleichgültigkeit unser der Liebe und des Leidens fähiges Herz.

Späte Prosa, GW 8, S. 433f.

Voll Blüten

Voll Blüten steht der Pfirsichbaum,
Nicht jede wird zur Frucht,
Sie schimmern hell wie Rosenschaum
Durch Blau und Wolkenflucht.

Wie Blüten gehn Gedanken auf,
Hundert an jedem Tag –
Laß blühen! laß dem Ding den Lauf!
Frag nicht nach dem Ertrag!

Es muß auch Spiel und Unschuld sein
Und Blütenüberfluß,
Sonst wär die Welt uns viel zu klein
Und Leben kein Genuß.

Die Gedichte, S. 415

Wir wollen unser eigenes Wesen und nicht nur das körperliche dem Ganzen verwandt und eingeordnet fühlen. Erst dann haben wir wirkliche Beziehungen zur Natur.

Es ist zum Beispiel das »malerische« Naturgenießen schon darum arm und einseitig, weil es einzig nur auf den Gesichtssinn gestellt ist. Gar oft ist aber der stärkste und eigenartigste Eindruck eines Ganges oder Aufenthaltes im Freien kein Gesichtseindruck. Es gibt Stunden und Orte, wo alles dem Auge Erreichbare nichts ist im Vergleich mit dem, was das Ohr berührt, mit dem Grillenzirpen, dem Vogelgesang, dem Meeresbrausen, dem Tönen der Winde. Ein andres Mal hat der Geruchssinn die stärksten Eindrücke: Lindenblütenduft, Heugeruch, Geruch feuchter, frischgepflügter Äcker, Duft von Salzwasser, Teer und Seetang. Und schließlich sind vielleicht die stärksten Natureindrücke die des Gefühls, der Nerven: Schwüle, Elektrizität der Luft, Temperatur, Härte oder Weichheit, Trockenheit oder Nässe der Luft, Nebel. –

Man hört manchmal Leute sagen, die »Natur« gebe ihnen nichts, sie hätten kein Verhältnis zu ihr. Dieselben Leute werden bei der Frühjahrssonne fröhlich, bei der Sommersonne träge, bei Schwüle schlaff und bei Schneewind frisch. Das ist immerhin schon ein Verhältnis, und man braucht dessen nur bewußt zu werden, so ist man schon reif zum Naturgenuß. Denn unter diesem verstehe ich nicht ein rechenschaftsloses Wohlbefinden, sondern im Gegenteil ein bewußtes Mitleben und Zusammenhängen mit der Natur. Ist dies einmal vorhanden, so spielt die sogenannte »Schönheit« der Gegend und des Wetters keine Rolle mehr. Denn diese Schönheit ist zwar wohl vorhanden, aber sie ist lediglich aus Gesichtseindrücken abstrahiert, und diese sind nicht allein maßgebend. Die Natur ist überall schön oder nirgends.

Die Kunst des Müßiggangs, S. 101

Alle Tage rauscht die Fülle der Welt an uns vorüber; alle Tage blühen Blumen, strahlt das Licht, lacht die Freude. Manchmal trinken wir uns daran dankbar satt, manchmal sind wir müde und verdrießlich und mögen nichts davon wissen; aber immer umgibt uns ein Überfluß des Schönen.

Bilderbuch, GW 6, S. 194

Durch die Düsterkeit der Welt und ihre teuflische Bedrohung sollten wir uns nicht einschüchtern und verbittern lassen. Ob diese Welt morgen untergehe oder nicht, ist nicht unsre Sorge noch unsre Verantwortung. Wir müssen und wollen das, was uns an ihr noch erfreulich ist, und sei es nur der Himmel mit seinem zauberhaften Gewölk, solang kosten und preisen, als wir da sind.

Gesammelte Briefe, Bd. 4, S. 354

Weiße Wolken

O schau, sie schweben wieder
Wie leise Melodien
Vergessener schöner Lieder
Am blauen Himmel hin!

Kein Herz kann sie verstehen,
Dem nicht auf langer Fahrt
Ein Wissen von allen Wehen
Und Freuden des Wanderns ward.

Ich liebe die Weißen, Losen
Wie Sonne, Meer und Wind,
Weil sie der Heimatlosen
Schwestern und Engel sind.

Die Gedichte, S. 211

Ob wir uns fromm-bescheiden oder frech-überlegen benehmen mögen, ob wir die früheren Formen des Glaubens an die Beseeltheit der Natur belächeln oder bewundern: unser tatsächliches Verhältnis zur Natur, sogar dort wo wir sie nur noch als Ausbeutungsobjekt kennen, ist eben dennoch das des Kindes zur Mutter, und zu den paar uralten Wegen, die den Menschen zur Seligkeit oder zur Weisheit zu führen vermögen, sind keine neuen Wege hinzugekommen. Einer von ihnen, der einfachste und kindlichste, ist der Weg des Staunens über die Natur und des ahnungsvollen Lauschens auf ihre Sprache.

»Zum Erstaunen bin ich da!« sagt ein Vers von Goethe.

Mit Erstaunen fängt es an, und mit dem Erstaunen hört es auch auf, und ist dennoch kein vergeblicher Weg. Ob ich ein Moos, einen Kristall, eine Blume, einen goldenen Käfer bewundere oder einen Wolkenhimmel, das Meer mit den gelassenen Riesen-Atemzügen seiner Dünungen, einen Schmetterlingsflügel mit der Ordnung seiner kristallenen Rippen, dem Schnitt und den farbigen Einfassungen seiner Ränder, der vielfältigen Schrift und Ornamentik seiner Zeichnung und den unendlichen, süßen, zauberhaft gehauchten Übergängen und Abtönungen der Farben – jedesmal wenn ich mit dem Auge oder mit einem andern Körpersinn ein Stück Natur erlebe, wenn ich von ihm angezogen und bezaubert bin und mich seinem Dasein und seiner Offenbarung für einen Augenblick öffne, dann habe ich in diesem selben Augenblick die ganze habsüchtige blinde Welt der menschlichen Notdurft vergessen, und statt zu denken oder zu befehlen, statt zu erwerben oder auszubeuten, zu bekämpfen oder zu organisieren, tue ich für diesen Augenblick nichts anderes als »erstaunen« wie Goethe, und mit diesem Erstaunen bin ich nicht nur Goethes und aller andern Dichter und Weisen Bruder geworden, nein ich bin auch der Bruder alles dessen, was ich bestaune und als lebendige Welt erlebe: des Falters, des Käfers, der Wolke, des Flusses und Gebirges, denn ich bin auf dem Weg des Erstaunens für einen Augenblick der Welt der Trennungen entlaufen und in die Welt der Einheit eingetreten, wo ein Ding und Geschöpf zum andern sagt: Tat twam asi. (»Das bist Du.«)

Kleine Freuden, S. 285 ff.

Der Sinn für die Sprache der Natur, der Sinn für die Freude am Mannigfaltigen, welche das zeugende Leben überall zeigt, und der Drang nach irgendeiner Deutung dieser mannigfaltigen Sprache, vielmehr der Drang nach Antwort ist so alt wie der Mensch. Die Ahnung einer verborgenen, heiligen Einheit hinter der großen Mannigfaltigkeit, einer Urmutter hinter all den Geburten, eines Schöpfers hinter all den Geschöpfen, dieser wunderbare Urtrieb des Menschen zum Weltmorgen und zum Geheimnis der Anfänge zurück ist die Wurzel aller Kunst gewesen und ist es heute wie immer. Wir scheinen heute der Naturverehrung in diesem frommen Sinn des Suchens nach einer Einheit in der Vielheit unendlich fern zu stehen, wir bekennen uns zu diesem kindlichen Urtrieb nicht gern und machen Witze, wenn man uns an ihn erinnert. Aber wahrscheinlich ist es dennoch ein Irrtum, wenn wir uns und unsere ganze heutige Menschheit für ehrfurchtslos und für unfähig zu einem frommen Erleben der Natur halten. Wir haben es nur zur Zeit recht schwer, ja es ist uns unmöglich geworden, die Natur so harmlos in Mythen umzudichten und den Schöpfer so kindlich zu personifizieren und als Vater anzubeten, wie es andere Zeiten tun konnten. Vielleicht haben wir auch nicht unrecht, wenn wir gelegentlich die Formen der alten Frömmigkeit ein wenig seicht und spielerisch finden, und wenn wir zu ahnen glauben, daß die gewaltige, schicksalhafte Neigung der modernen Physik zur Philosophie im Grund ein frommer Vorgang sei.

Kleine Freuden, S. 285

Das Sichhingeben an irrationale, krause, seltsame Formen der Natur erzeugt in uns ein Gefühl von der Übereinstimmung unseres Inneren mit dem Willen, der diese Gebilde werden ließ – wir spüren bald die Versuchung, sie für unsere eigenen Launen, für unsere eigenen Schöpfungen zu halten – wir sehen die Grenzen zwischen uns und der Natur zittern und zerfließen und lernen die Stimmung kennen, in der wir nicht wissen, ob die Bilder auf unserer Netzhaut von äußeren Eindrücken stammen oder von inneren. Nirgends so einfach und leicht wie bei dieser Übung machen wir die Entdeckung, wie sehr wir Schöpfer sind, wie sehr unsere Seele immerzu teilhat an der beständigen Erschaffung der Welt. Vielmehr ist es dieselbe unteilbare Gottheit, die in uns und die in der Natur tätig ist, und wenn die äußere Welt unterginge, so wäre einer von uns fähig, sie wieder aufzubauen, denn Berg und Strom, Baum und Blatt, Wurzel und Blüte, alles Gebilde in der Natur liegt ins uns vorgebildet, stammt aus der Seele, deren Wesen Ewigkeit ist, deren Wesen wir nicht kennen, das sich uns aber zumeist als Liebeskraft und Schöpferkraft zu fühlen gibt.

Demian, GW 5, S. 104f.

Nächst der Liebe, die zwischen Menschen selten rein ist und nicht ohne Kämpfe und Opfer leben kann, gibt es für uns Menschen nichts Schöneres und Tröstlicheres als das reine Schauen, das stille, redliche Miterleben der Natur um uns her, im Kleinen und Großen. Das ist gut gegen allen Hochmut, zu dem man etwa neigt, denn es zeigt uns, wie beschränkt und vielfach gebunden wir im Weltgetriebe hängen.

Aus einem unveröffentlichten Brief vom Juli 1908

Soweit ich mich erinnern kann, habe ich als die Funktion des Dichters immer vor allem das Erinnern gesehen, das Nichtvergessen, das Aufbewahren des Vergänglichen im Wort, das Heraufbeschwören des Vergangenen durch Anruf und liebevolle Schilderung. Doch ist wohl auch von der alten indischen Tradition her etwas vom Amt des Dichters als Lehrer oder Mahner und Prediger in mir hängen geblieben. Doch habe ich das stets weniger im Sinn der Belehrung gemeint als im Sinn der Mahnung zur Beseelung des Lebens.

Gesammelte Briefe, Bd. 4, S. 227

Unrein und verzerrend ist der Blick des Wollens. Erst wo wir nichts wollen, erst wo unser Schauen reine Betrachtung wird, tut sich die Seele der Dinge auf: die Schönheit. Wenn ich einen Wald beschaue, den ich kaufen oder abholzen oder mit einer Hypothek belasten will, dann sehe ich nicht den Wald, sondern nur seine Beziehungen zu meinem Wollen. Will ich aber nichts von ihm, blicke ich nur ›gedankenlos‹ in seine grüne Tiefe, dann erst ist er Wald, ist Natur und Gewächs, ist schön.

Betrachtungen, GW 10, S. 33

Man muß sich nur immer wieder an das Lebendige halten. Der ›Geist‹ läßt uns oft im Stich, und selten ist er so viel wert wie das, was uns nur für ein wenig Liebe und Geduld die Natur gibt: mit einer Katze spielen, oder ein Feuer anzünden, oder den Wolken zusehen, das alles sind Quellen, an die man bloß zu klopfen braucht.

Aus einem unveröffentlichten Brief vom 14. 2. 1923

Viele sagen, sie »lieben die Natur«. Das heißt, sie sind nicht abgeneigt, je und je ihre dargebotenen Reize sich gefallen zu lassen. Sie gehen hinaus und freuen sich über die Schönheit der Erde, zertreten die Wiesen und reißen schließlich eine Menge Blumen und Zweige ab, um sie bald wieder wegzuwerfen oder daheim verwelken zu sehen. So lieben sie die Natur. Sie erinnern sich dieser Liebe am Sonntag, wenn schönes Wetter ist, und sind dann gerührt über ihr gutes Herz.

Peter Camenzind, GW 1, S. 432

Gestutzte Eiche

Wie haben sie dich, Baum, verschnitten,
Wie stehst du fremd und sonderbar!
Wie hast du hundertmal gelitten,
Bis nichts in dir als Trotz und Wille war!
Ich bin wie du, mit dem verschnittnen,
Gequälten Leben brach ich nicht
Und tauche täglich aus durchlittnen
Roheiten neu die Stirn ins Licht.
Was in mir weich und zart gewesen,
Hat mir die Welt zu Tod gehöhnt,
Doch unzerstörbar ist mein Wesen,
Ich bin zufrieden, bin versöhnt,
Geduldig neue Blätter treib ich
Aus Ästen hundertmal zerspellt,
Und allem Weh zu Trotze bleib ich
Verliebt in die verrückte Welt.

Die Gedichte, S. 472

Ich wundere mich oft über die große Zähigkeit, mit der unsere Natur am Leben hängt. Fügsam, wenn auch keineswegs gerne, gewöhnt man sich an Zustände, die einem noch vorgestern als völlig unerträglich erschienen wären.

H. Hesse – Peter Suhrkamp, Briefwechsel, S. 339

Mit der Schönheit ist es gerade wie mit der Wahrheit, sie ist eine Offenbarung und an kein Medium besonders gebunden. Der Philister denkt bei »Schönheit« an Raffael und bei »Wahrheit« an die Bibel oder an Kants Werke. Der Verstehende findet Wahrheit überall und ebenso Schönheit. In der einfachsten Lebenserfahrung findet er die ewige Wahrheit und Gesetzmäßigkeit wieder und findet Symbole der Schönheit überall: im Regentropfen, im Schmetterlingsflügel, in der Spinnwebe, in jeder Naturform.

Notizen, 1909

Wirklichkeit ist ein Blitz, der in jedem Steine gefangen zuckt. Weckst du ihn nicht, so bleibt der Stein ein Stein, die Stadt eine Stadt, die Schönheit schön, die Langeweile langweilig, und alles schläft den Traum der Dinge, bis du, aus deinen hochgespannten Strömen her, sie mit dem Gewitter ›Wirklichkeit‹ überflutest.

Bilderbuch, GW 6, S. 32f.

Andacht

Was Menschen wollen,
Das führt zu Blut und Schuld und Schlachtenrollen.
Wer dich, Natur, erst fand,
Dem wird zur heiligen Heimat jedes Land
Und jeder Mensch verwandt.

Wind weht und Wasser fällt
In aller Welt,
Und blaue Luft und Meerkristall
Ist überall.
Goldwolke zart am Horizont
Und sanfter Mond,
Tierschrei im Wald, gedehntes Seegestade,
Vogelgezirp, Berg, Birken, Felsenpfade –
Das ist mein Schatz, ist meines Herzens Gut,
Mein Seelentrost, in dem sich's sicher ruht.

Miß keine Schuld an andrer Schuld!
Miß dich und deinen Schritt
An der Natur unendlicher Geduld;
Sie trägt dich mit.
Bei ihr sei du zu Haus,
Und Abend trifft und Morgen
Dich fährdelos geborgen
Im Vaterhaus.

Die Gedichte, S. 417

Die Zeit vergeht und die Weisheit bleibt. Sie wechselt ihre Formen und Riten, aber sie beruht zu allen Zeiten auf demselben Fundament: auf der Einordnung des Menschen in die Natur, in den kosmischen Rhythmus. Mögen unruhige Zeiten immer wieder die Emanzipierung des Menschen von diesen Ordnungen anstreben, stets führt diese Scheinbefreiung zur Sklaverei, wie ja auch der heutige, sehr emanzipierte Mensch ein willenloser Sklave des Geldes und der Maschine ist. Wie einer vom farbig bestrahlten Asphalt der Großstadt zum Walde zurückkehrt, oder von der flotten aufpeitschenden Musik der großen Säle zur Musik des Meeres, mit dem Gefühl von Dankbarkeit und Heimkehr, so kehre ich von allen kurzfristigen und spannenden Abenteuern des Lebens und des Geistes immer wieder zu diesen alten, unerschöpflichen Weisheiten zurück. Sie sind bei jeder Rückkehr nicht älter geworden, sie stehen ruhig und warten auf uns, und sie sind immer wieder neu und strahlend, wie es an jedem Tag die Sonne ist, während der Krieg von gestern, der Modetanz von gestern, das Auto von gestern heute schon so alt und verwelkt und komisch geworden sind.

Schriften zur Literatur, GW 12, S. 33

Starke Künstler haben, als erstes und wichtigstes Kennzeichen stets eine unbedingte Liebe zur Natur, jenes unbewußte hartnäckige Wissen darum, daß die Natur zwar keineswegs ein Kunstersatz, wohl aber die Quelle und Mutter aller Kunst ist.

Die Kunst des Müßiggangs, S. 304f.

Die Klugen und Geschäftigen nennen die Spiele der Phantasie immer gleich ›Flucht‹ und geben damit zu, daß die Wirklichkeit, aus der der dichterische Künstler ›flieht‹, in der Tat kein wünschenswerter Aufenthalt ist.

Die Welt im Buch, Bd. 3

Es ist eine alte Erfahrung, daß gerade die aus der Zeit ins Zeitlose strebenden Geister niemals unklare Schwärmer, sondern ihrer Zeit mit starken Wurzeln verhaftet und verantwortlich waren, daß sie, je mehr wir über sie erfahren, desto bildhafter und damit vorbildlicher werden.

Die Welt im Buch, Bd. 3

Die Natur hat zehntausend Farben, und wir haben uns in den Kopf gesetzt, die Skala auf zwanzig zu reduzieren.

Klingsors letzter Sommer, GW 5, S. 302

Die Kunst zeigt neue Gesichter, neue Sprachen, neue lallende Laute und Gebärden, sie hat es satt, immerzu die Sprache von gestern und vorgestern zu reden, sie will auch einmal tanzen, sie will auch einmal über die Schnur hauen, sie will auch einmal den Hut schief aufsetzen und im Zickzack gehen. Und die Mitbürger sind darüber wütend, fühlen sich verhöhnt und an der Wurzel, in ihrem Wert angezweifelt, werfen mit Schimpfworten um sich und ziehen sich die Decke ihrer Bildung über die Ohren.

Schriften zur Literatur, GW 11, S. 194

Magie der Farben

Gottes Atem hin und wider,
Himmel oben, Himmel unten,
Licht singt tausendfache Lieder,
Gott wird Welt im farbig Bunten.

Weiß zu Schwarz und Warm zum Kühlen
Fühlt sich immer neu gezogen,
Ewig aus chaotischem Wühlen
Klärt sich neu der Regenbogen.

So durch unsre Seele wandelt
Tausendfalt in Qual und Wonne
Gottes Licht, erschafft und handelt,
Und wir preisen Ihn als Sonne.

Die Gedichte, S. 464

Wo Ratio und Magie eins werden

Kunst und Kultur

Wo Ratio und Magie eins werden, liegt vielleicht das Geheimnis aller höheren Kunst.

Ausgewählte Briefe, S. 531

Das ist Magie: Außen und Innen vertauschen, nicht aus Zwang, nicht leidend, sondern frei, wollend. Rufe Vergangenheit, rufe Zukunft herbei: beide sind in dir! Du bist bis heute Sklave deines Innern gewesen. Lerne sein Herr sein. Das ist Magie.

Fabulierbuch, GW 4, S. 386

Man darf mit Magie nicht sparen, um die Komödie des Lebens nicht aus Versehen ernst zu nehmen.

Aus einem unveröffentlichten Brief, Ende 1920

Ich habe mich für Geister nie interessiert und habe darum auch nie einen angetroffen, bin aber überzeugt, daß ich es nur zu wünschen brauchte, so würden sie in Scharen kommen. Ich glaube aber nicht, daß sie interessanter sind als andere Leute.

Aus einem unveröffentlichten Brief vom 17. 1. 1926

Ich weiß von Geistern gar nichts, ich lebe in meinen Träumen. Die anderen Leute leben auch in Träumen, aber nicht in ihren eigenen, das ist der Unterschied.

Demian, GW 5, S. 113f.

Sprache

Die Sonne spricht zu uns mit Licht,
Mit Duft und Farbe spricht die Blume,
Mit Wolken, Schnee und Regen spricht
Die Luft. Es lebt im Heiligtume
Der Welt ein unstillbarer Drang,
Der Dinge Stummheit zu durchbrechen,
In Wort, Gebärde, Farbe, Klang
Des Seins Geheimnis auszusprechen.
Hier strömt der Künste lichter Quell,
Es ringt nach Wort, nach Offenbarung,
Nach Geist die Welt und kündet hell
Aus Menschenlippen ewige Erfahrung.
Nach Sprache sehnt sich alles Leben,
In Wort und Zahl, in Farbe, Linie, Ton
Beschwört sich unser dumpfes Streben
Und baut des Sinnes immer höhern Thron.

In einer Blume Rot und Blau,
In eines Dichters Worte wendet
Nach innen sich der Schöpfung Bau,
Der stets beginnt und niemals endet.
Und wo sich Wort und Ton gesellt,
Wo Lied erklingt, Kunst sich entfaltet,
Wird jedesmal der Sinn der Welt,
Des ganzen Daseins neu gestaltet,
Und jedes Lied und jedes Buch
Und jedes Bild ist ein Enthüllen,

Ein neuer, tausendster Versuch,
Des Lebens Einheit zu erfüllen.
In diese Einheit einzugehn
Lockt euch die Dichtung, die Musik,
Der Schöpfung Vielfalt zu verstehn
Genügt ein einziger Spiegelblick.
Was uns Verworrenes begegnet,
Wird klar und einfach im Gedicht:
Die Blume lacht, die Wolke regnet,
Die Welt hat Sinn, das Stumme spricht.

Die Gedichte, S. 594

Die Welt gönnt uns wenig mehr, sie scheint oft nur noch aus Radau und aus Angst zu bestehen, aber Gras und Bäume wachsen doch noch. Und wenn einmal die Erde vollends mit Betonkasten bedeckt sein wird, werden die Wolkenspiele noch immer da sein, und es werden da und dort Menschen sich mit Hilfe der Kunst eine Tür zum Göttlichen offen halten.

Aus einem unveröffentlichten Brief vom Januar 1949

Kunst ist Betrachtung der Welt im Zustand der Gnade.

Klein und Wagner, GW 5, S. 256

Der Musik ist eine Urkraft und ein tiefer Heilzauber eigen, mehr noch als die anderen Künste vermag sie die Natur zu ersetzen.

Der vierte Lebenslauf Josef Knechts, S. 40

Wo wir etwas finden, das wie Musik ist, da müssen wir bleiben; es gibt im Leben gar nichts Erstrebenswerteres als das Gefühl der Musik, das Gefühl des Mitschwingens und rhythmischen Lebens, der harmonischen Berechtigung zum Dasein.

Gesammelte Briefe, Bd. 1, S. 187

Wer Musik liebt und innig versteht, für den hat die Welt eine Provinz, ja eine Dimension mehr.

Gesammelte Briefe, Bd. 2, S. 22

Flötenspiel

Ein Haus bei Nacht durch Strauch und Baum
Ein Fenster leise schimmern ließ,
Und dort im unsichtbaren Raum
Ein Flötenspieler stand und blies.

Es war ein Lied so altbekannt,
Es floß so gütig in die Nacht,
Als wäre Heimat jedes Land,
Als wäre jeder Weg vollbracht.

Es war der Welt geheimer Sinn
In seinem Atem offenbart,
Und willig gab das Herz sich hin
Und alle Zeit ward Gegenwart.

Die Gedichte, S. 673

Ob die Kunst und das Schöne den Menschen wirklich zu bessern und zu stärken vermögen, sei dahingestellt, zum mindesten erinnern sie uns, gleich dem Sternenhimmel, an das Licht, an die Idee der Ordnung, der Harmonie, des ›Sinnes‹ im Chaos.

Ausgewählte Briefe, S. 295

Die Künste dienen nicht der Idee, sondern dem Leben, sie sind Funktionen wie Schlaf und Traum, sie sind nicht die ethischen Führer der Menschen (in diese Funktion teilen sich die Religionen mit den Gewissenserweckern), sondern dienen ganz anderen, biologischen Bedürfnissen.

Gesammelte Briefe, Bd. 2, S. 319

Schon das kleinste Kunstwerk, eine Bleistiftskizze von sechs Strichen und ein Gedichtvers von vier Zeilen, versucht frech und blind das Unmögliche, geht aufs Ganze, will das Chaos in die Nußschale schöpfen!

Tagebuch 1920/21. Aus Materialien zu Hesses »Siddhartha«, Bd. 1, S. 12

Was unsere Zeit braucht und verlangt, ist nicht geschicktes Beamtentum und Betriebsamkeit, sondern Persönlichkeit, Gewissen, Verantwortlichkeit. An Intellekt, an ›Talent‹ ist Überfluß.

Ausgewählte Briefe, S. 98

Es hat im Laufe der Jahrhunderte tausend ›Gesinnungen‹ und Parteien und Programme gegeben, tausend Revolutionen, sie haben die Welt verändert und (vielleicht) vorwärts gebracht. Aber keines ihrer Programme und Bekenntnisse hat seine Zeit überdauert. Die Bilder und Worte einiger echter Künstler und auch die Worte einiger echter Weiser und Liebender und Sichopfernder haben die Zeiten überdauert und tausendmal hat ein Wort Jesu, oder ein Wort eines griechischen oder andern Dichters, nach Jahrhunderten noch Menschen getroffen und aufgeweckt und ihnen den Blick für das Leid und das Wunder des Menschentums geöffnet. In der Reihe dieser Liebenden und Zeugen ein kleiner, einer von Tausenden zu sein, wäre mein Wunsch und Ehrgeiz, nicht aber für ›genial‹ und dergleichen zu gelten.

Ausgewählte Briefe, S. 167

Was heute neu und interessant ist, ist es übermorgen nicht mehr. Was aber erst einmal einige Jahrhunderte überdauert hat und noch immer nicht vergessen oder untergegangen ist, dessen Wertschätzung wird auch innerhalb unsrer Lebenszeit vermutlich keine großen Schwankungen mehr durchmachen.

Schriften zur Literatur, GW 11, S. 345

Echte Bildung ist nicht Bildung zu irgendeinem Zwecke, sondern sie hat, wie jedes Streben nach dem Vollkommenen, ihren Sinn in sich selbst. So wie das Streben nach körperlicher Kraft, Gewandtheit und Schönheit nicht irgendeinen Endzweck hat, etwa den, uns reich, berühmt und mächtig zu machen, sondern seinen Lohn in sich selbst trägt, indem er unser Lebensgefühl und unser Selbstvertrauen steigert, indem es uns froher und glücklicher macht und uns ein höheres Gefühl von Sicherheit und Gesundheit gibt, ebenso ist auch das Streben nach ›Bildung‹, das heißt geistiger und seelischer Vervollkommnung, nicht ein mühsamer Weg zu irgendwelchen begrenzten Zielen, sondern ein beglückendes und stärkendes Erweitern unseres Bewußtseins, eine Bereicherung unsrer Lebens- und Glücksmöglichkeiten. Darum ist echte Bildung, ebenso wie echte Körperkultur, Erfüllung und Antrieb zugleich, ist überall am Ziele und bleibt doch nirgends rasten, ist Unterwegssein im Unendlichen, ein Mitschwingen im Universum, ein Mitleben im Zeitlosen. Ihr Ziel ist nicht Steigerung einzelner Fähigkeiten und Leistungen, sondern sie hilft uns, unserm Leben einen Sinn zu geben, die Vergangenheit zu deuten, der Zukunft in furchtloser Bereitschaft offenzustehen.

Schriften zur Literatur, GW 11, S. 337

Die Dichtung schafft einen magischen Raum, in dem das sonst Unvereinbare vereinbar, das sonst Unmögliche wirklich wird. Und diesem imaginären oder überwirklichen Raum entspricht eine ebensolche Zeit, nämlich die Zeit der Dichtung, des Mythos, des Märchens, die zu aller geschichtlichen und kalendarischen Zeit im Widerspruch steht und die den Sagen und Märchen aller Völker und aller Dichter gemeinsam ist. – So selten die echte Magie auf Erden geworden sein mag, in der Kunst lebt sie noch heute weiter.

Die Kunst des Müßiggangs, S. 341

Nichts ist so heiter und so erheiternd wie das Schöne und die Kunst – wenn wir nämlich dem Schönen und der Kunst so hingegeben sind, daß wir darüber uns selbst und das brennende Leid der Welt vergessen. Es braucht nicht eine Fuge von Bach, nicht ein Bild von Giorgione zu sein, es genügt ein Inselchen Blau im Wolkenhimmel, der bewegliche Fächer eines Möwenschwanzes, es genügen die Regenbogenfarben eines Ölflecks auf dem Straßenasphalt. Es genügt noch viel weniger. Kehren wir aus der Seligkeit zum Bewußtsein des Ichs und zum Wissen vom Elend des Lebens zurück, dann wandelt sich die Heiterkeit in Traurigkeit, die Welt zeigt uns statt ihrer strahlenden Himmel ihren schwarzen Grund, das Schöne und die Kunst wird traurigmachend. Aber es bleibt schön, es bleibt göttlich, sei es Fuge, Bild, Möwenschwanzgefieder, Ölfleck oder noch weniger. Und wenn die Seligkeit jenes ich- und weltvergessenen Glückes nur Augenblicke dauern darf, so kann die mit Trauer gesättigte Bezauberung durch das Wunder des Schönen Stunden, Tage, ein Leben lang dauern.

Lektüre für Minuten, S. 196f.

Das ist der Unterschied zwischen Kunst und Feuerwerk, daß uns von den Gebilden wahrer Kunst ein Niederschlag bleibt, der sich mit Erlebtem, Eigenstem, mit tiefsten Kindheitserinnerungen und persönlichsten Lieblingsträumen zu mischen und neue Farben in unser Seelenleben zu bringen vermag, auch noch lange, nachdem wir die Dichtung gelesen und vielleicht die

Namen der Bücher und den des Dichters wieder vergessen haben.

Die Welt im Buch, Bd. 3

Wir müssen uns viel quälen und viel Bitteres ausfressen, bis wir mürb und still werden ... Eine Rakete hat's schöner, die macht Pfff und ist weg, wenn's grad am schönsten war.

Aus einem unveröffentlichten Brief vom 25. 4. 1916

Es ist mit dem Lesen wie mit jedem anderen Genuß: er wird desto tiefer und nachhaltiger, je inniger und liebevoller wir uns ihm hingeben.

Die Welt der Bücher, S. 38

Je mehr mit der Zeit gewisse Unterhaltungs- und gewisse volkstümliche Belehrungsbedürfnisse durch andere Erfindungen befriedigt werden können, desto mehr wird das Buch an Würde und Autorität zurückgewinnen. Wir haben heute den Punkt noch nicht ganz erreicht, wo die jungen Konkurrenzerfindungen wie Radio, Film usw. dem gedruckten Buch gerade jenen Teil seiner Funktionen abnehmen, um den es nicht schade ist.

Schriften zur Literatur, GW 11, S. 247

Bücher

Alle Bücher dieser Welt
Bringen dir kein Glück,
Doch sie weisen dich geheim
In dich selbst zurück.

Dort ist alles, was du brauchst,
Sonne, Stern und Mond,
Denn das Licht, danach du frugst,
In dir selber wohnt.

Weisheit, die du lang gesucht
In den Büchereien,
Leuchtet jetzt aus jedem Blatt –
Denn nun ist sie dein.

Die Gedichte, S. 434

Lesen ohne Liebe, Wissen ohne Ehrfurcht, Bildung ohne Herz ist eine der schlimmsten Sünden gegen den Geist.

Schriften zur Literatur, GW 11, S. 340

Man darf ruhig die vielen Lehrbücher, Überblicke und Philosophiegeschichten ungelesen lassen, jedes Werk eines originalen Denkers gibt uns mehr, denn es nötigt zum Selberdenken und erzieht und steigert unser Bewußtsein.

Schriften zur Literatur, GW 12, S. 90

Warum soll man sich nicht mit Büchern unterhalten? Sie sind oft ebenso klug wie Menschen und oft ebenso spaßhaft, und sie drängen sich weniger auf.

Die Welt im Buch, Bd. 3

Heiterkeit ist eine Tugend der Heiligen und der Ritter; sie ist das Geheimnis des Schönen und die eigentliche Substanz jeder Kunst. Der Dichter, der das Herrliche und Schreckliche des Lebens im Tanzschritt seiner Verse preist, der Musiker, der es als reine Gegenwart erklingen läßt, ist Lichtbringer, Mehrer der Freude und Helligkeit auf Erden, auch wenn er uns erst durch Tränen und schmerzliche Spannung führt.

Das Glasperlenspiel, GW 9, S. 347

Der Literat soll an das Licht glauben, er soll von ihm durch unumstößliche Erfahrung wissen und ihm so oft und so weit wie möglich offen stehen, aber er soll sich nicht für einen Lichtbringer oder gar selbst für ein Licht halten. Sonst geht das Fensterchen zu, und das Licht, das auf uns keineswegs angewiesen ist, geht andere Wege.

Briefe an Freunde, S. 35

In unserer Zeit ist der Dichter, als reinster Typus des beseelten Menschen, zwischen der Maschinenwelt und der Welt intellektueller Betriebsamkeit gleichsam in einen luftleeren Raum gedrängt und zum Erstikken verurteilt. Denn der Dichter ist ja Vertreter und Anwalt gerade jener Kräfte und Bedürfnisse der Menschen, denen unsre Zeit fanatisch den Krieg erklärt hat.

Schriften zur Literatur, GW 11, S. 243

Kultur, im Gegensatz zur Natur, ist alles das, was der Mensch über die Bedürfnisse der Stunde und des nackten Lebens hinaus an geistigen Werten gefunden und geschaffen hat, obenan die Religionen, Künste und Philosophien. Auch das Volkslied des armen Mannes, die Freude des Wanderburschen an Wald und Wolken, die Liebe zum Vaterland und zu den Idealen der Partei – alles das ist »Kultur«, geistiger Besitz, Menschentum. Über alle Schwankungen der Weltgeschichte und der Völkerentwicklung hinweg hat dieser ideale Besitz der Menschheit sich erhalten, bewährt und gemehrt. Wer innerlich Teil an diesem Besitz hat, der gehört einer unzerstörbaren Gemeinschaft des Geistes an und besitzt etwas, das niemand ihm rauben kann. Wir können Geld, Gesundheit, Freiheit, Leben verlieren. Aber nur zugleich mit dem Leben kann uns das genommen werden, was wir an geistigen Werten wirklich erworben haben und besitzen.

In Zeiten der Not und des Leidens zeigt sich erst, was wirklich unser ist, was uns treu bleibt und nicht genommen werden kann. – Denn das richtige Verhältnis zu diesen Dingen ist nicht das des Genießers, er sei noch so gebildet, noch so belesen, noch so kennerhaft bewandert. Der Genießer besitzt Kultur bloß so wie ein untätiger Reicher Geld besitzt – am Tage, wo er es verliert, ist er ärmer als der Bettler, dem es bei seiner Armut wohl sein kann.

Die Besitztümer der Kultur sind eben nicht unpersönliche Dinge, die man sich erwerben, die man einkaufen und benützen kann. Die Musik, die ein großer Künstler unter Kämpfen und tiefen Erschütterungen seines inneren Lebens geschaffen hat, kann ich mir nicht als behaglicher Zuhörer im Konzertsaal so leichthin zu eigen machen. Und das tiefe Wort eines Denkers oder Dulders, das aus Drang und Not geboren ist, kann ich mir nicht als träger Bücherleser im Lehnstuhl erwerben und zu eigen machen.

Im täglichen persönlichen Erleben macht jeder von uns die alte Erfahrung, daß keine Beziehung, keine Freundschaft, kein Gefühl uns treu bleibt und zuverlässig ist, dem wir nicht Blut vom eigenen Blut, dem wir nicht Liebe und Mitleben, Opfer und Kämpfe dargebracht haben. Jeder weiß und erlebt es, wie leicht es ist, sich zu verlieben, und wie schwer und schön es ist, wirklich zu lieben. Liebe ist, wie alle wirklichen Werte, nicht käuflich. Es gibt einen käuflichen Genuß, aber keine käufliche Liebe.

Die Kunst des Müßiggangs, S. 178/179

Es ist wunderlich mit der Liebe, auch in der Kunst. Sie vermag, was alle Bildung, aller Intellekt, alle Kritik nicht vermag, sie verbindet das Fernste, stellt das Älteste und Neueste nebeneinander. Sie überwindet die Zeit, indem sie alles aufs eigene Zentrum bezieht. Sie allein gibt Sicherheit, sie allein hat recht, weil sie nicht recht-haben will.

Schriften zur Literatur, GW 11, S. 208

Der Mensch besteht, nach der alten, bildhaften und schönen Vorstellung aus Körper, Seele und Geist. Meistens sind zwei dieser Elemente miteinander verbündet und das dritte wird vernachlässigt. So hat die Verbindung von Geist und Seele im Christentum den Körper verleumdet und vernachlässigt. Unsere Zeit dagegen übertreibt sowohl die Körperkultur wie die des Verstandes, beides auf Kosten der Seele. Die Kunst ist recht eigentlich das Reich der Seele und strebt doch weit übers Sinnliche hinaus.

Aus einem unveröffentlichten Brief vom 27. 12. 1928

Das rasche Klugreden über alles ist sehr oft gar nicht wirkliche Bildung, und es steht gar nicht so viel wirkliches Wissen dahinter, wie es scheint, das meiste davon ist eine Art von Gesellschaftsspiel oder Geistes-Sport, und man lebt ohne das ebensogut oder besser. Und das, was an wirklicher Bildung, an Belesenheit, an Kenntnis der Geschichte usw. Dir fehlt, das kannst Du ganz ohne Eile nach und nach einholen, und brauchst dabei immer nur über solche Gegenstände zu lesen und nachzudenken, die Dich wirklich ernstlich interessieren.

Ich bin in meiner eigenen Jugend, obgleich ich sehr viel gelesen hatte, sehr oft mit der gleichen Verlegenheit den Leuten gegenübergestanden, die über Maler, Musik, Philosophie so schneidig und gescheit reden konnten, und habe erst ganz allmählich entdeckt, daß dieses Bildungsspiel nicht so ernstgenommen zu werden braucht ... Wenn irgend jemand, den ich nicht genau kenne, mir über so allgemeine Probleme verblüffende Reden hält, dann höre ich zu und warte ab, ob nachher etwas davon in mir weiterwirkt, meistens ist das nicht der Fall. Wenn aber ein Mensch von dem spricht, was er wirklich liebt und weiß und genau kennt, ein Bauer vom Vieh, oder Handwerker von seiner Arbeit, oder ein Künstler von seiner persönlichen Arbeits- und Lebensweise, dann höre ich immer gern und meistens mit Nutzen zu.

Aus einem unveröffentlichten Brief vom Mai 1932 an seinen Sohn Martin

Alles Geschriebene erlischt in kurzer oder langer Zeit. Alle Schriften und aller Schriften Erlöschen liest der Weltgeist und lacht. Für uns ist es gut, einige von ihnen gelesen zu haben und ihren Sinn zu ahnen. Der Sinn, der sich aller Schrift entzieht und ihr heimlich dennoch innewohnt, ist immer derselbe.

Briefe an Freunde, S. 251

Das Lebendige ist ein Werden

Zur Entwicklung der Persönlichkeit

Alles Lebendige ist ein Werden, nicht ein Sein.

Gesammelte Briefe, Bd. 3, S. 252

Auf dem Wege vom Fisch, Vogel und Affen bis zu dem kriegführenden Tier unserer Zeit, auf dem langen Wege, auf dem wir mit der Zeit Menschen und Götter zu werden hoffen, konnten es nicht die »Normalen« sein, die von Stufe zu Stufe vorwärts gedrängt hatten. Die Normalen waren konservativ, sie blieben gern beim Gesunden, Bewährten. Eine normale Eidechse kam nie auf den Gedanken, es einmal mit dem Fliegen zu versuchen. Ein normaler Affe dachte nie daran, den Baum zu verlassen und aufrecht auf der Erde zu wandeln. Der das zuerst getan, der das zuerst probiert, zuerst davon geträumt hatte, der war unter den Affen ein Phantast und Sonderling, ein Dichter und Neuerer gewesen, und kein Normaler. Die Normalen, so sah ich, waren dazu da, die gefundene Form einer Lebensweise, einer Rasse und Art festzuhalten, zu schützen und zu befestigen, damit Rückhalt und Lebensvorrat da sei. Die Phantasten aber waren dazu da, ihre Sprünge zu machen und das nie Erdachte zu träumen, damit vielleicht einmal aus dem Fisch ein Landtier und aus dem Affen ein Affenmensch werden könne.

Betrachtungen, GW 10, S. 63

Späte Prüfung

Nochmals aus des Lebens Weiten
Reißt mich Schicksal hart ins Enge,
Will in Dunkel und Gedränge
Prüfung mir und Not bereiten.

Alles scheinbar längst Erreichte,
Ruhe, Weisheit, Altersfrieden,
Reuelose Lebensbeichte –
War es wirklich mir beschieden?

Ach, es ward von jenem Glücke
Aus den Händen mir geschlagen
Gut um Gut und Stück um Stücke,
Aus ist's mit den heitern Tagen.

Scherbenberg und Trümmerstätte
Ward die Welt und ward mein Leben.
Weinend möcht ich mich ergeben,
Wenn ich diesen Trotz nicht hätte,

Diesen Trotz im Grund der Seele,
Mich zu stemmen, mich zu wehren,
Diesen Glauben: was mich quäle,
Müsse sich ins Helle kehren,

Diesen unvernünftig zähen
Kinderglauben mancher Dichter
An unlöschbar ewige Lichter,
Die hoch über allen Höllen stehen.

Die Gedichte, S. 691

Indem ein Mensch mit den ihm von Natur gegebenen Gaben sich zu verwirklichen sucht, tut er das Höchste und einzig Sinnvolle, was er tun kann.

Narziß und Goldmund, GW 8, S. 462

Gott hat mit jedem von uns etwas gemeint, etwas versucht und wir sind seine Gegner, wenn wir das nicht annehmen und ihm helfen, es zu verwirklichen.

Ausgewählte Briefe, S. 199

Die Welt wird nicht rascher fortschreiten, wenn Ihr Dichter zu Volksrednern, Philosophen zu Ministern macht. Sie wird fortschreiten überall da, wo ein Mensch das tut, wozu er da ist, was seine Art von ihm fordert, was er darum gut und gerne tut.

Politische Betrachtungen, GW 10, S. 452

Wir sind vergänglich, wir sind werdend, wir sind Möglichkeiten, es gibt für uns keine Vollkommenheit, kein völliges Sein. Dort aber, wo wir von der Potenz zur Tat, von der Möglichkeit zur Verwirklichung schreiten, haben wir teil am wahren Sein, werden dem Vollkommenen und Göttlichen um einen Grad ähnlicher. Das heißt: sich verwirklichen.

Narziß und Goldmund, GW 8, S. 286

Unsere Aufgabe als Menschen ist: innerhalb unseres eigenen, einmaligen, persönlichen Lebens einen Schritt weiter zu tun vom Tier zum Menschen.

Politische Betrachtungen, GW 10, S. 453

Man muß seinen Traum finden, dann wird der Weg leicht. Aber es gibt keinen immerwährenden Traum, jeden löst ein neuer ab, und keinen darf man festhalten wollen.

Demian, GW 5, S. 140

Es ist nicht eine blinde Macht von außen, deren Spielball wir sind, sondern es ist die Summe der Gaben, Schwächen und anderen Erbschaften, die ein Mensch mitgebracht hat. Ziel eines sinnvollen Lebens ist den Ruf dieser inneren Stimme zu hören und ihm möglichst zu folgen. Der Weg wäre also: sich selbst erkennen, aber nicht über sich richten und sich ändern wollen, sondern das Leben möglichst der Gestalt anzunähern, die als Ahnung in uns vorgezeichnet ist.

Gesammelte Briefe, Bd. 2, S. 290

Wo die edleren Tiere verrecken, siegt das Karnickel; es macht keine Ansprüche, fühlt sich wohl und pflanzt sich zahllos fort.

Gesammelte Briefe, Bd. 2, S. 228

Damit das Mögliche entsteht, muß immer wieder das Unmögliche versucht werden.

Gesammelte Briefe, Bd. 4, S. 386

Allein

Es führen über die Erde
Straßen und Wege viel,
Aber alle haben
Dasselbe Ziel.

Du kannst reiten und fahren
Zu zwein und zu drein,
Den letzten Schritt mußt du
Gehen allein.

Drum ist kein Wissen
Noch Können so gut,
Als daß man alles Schwere
Alleine tut.

Die Gedichte, S. 298

Das Leben stellt jedem eine andre, einmalige Aufgabe, und so gibt es auch nicht eine angeborene und vorbestimmte Untauglichkeit zum Leben, sondern es kann der Schwächste und Ärmste an seiner Stelle ein würdiges und echtes Leben führen und andern etwas sein, einfach dadurch, daß er seinen nicht selbstgewählten Platz im Leben und seine besondere Aufgabe annimmt und zu verwirklichen sucht. Das ist echtes Menschentum und strahlt immer etwas Edles und Heilendes aus, auch wenn der Träger dieser Aufgabe in den Augen aller ein armer Teufel ist, mit dem man nicht tauschen möchte.

Ausgewählte Briefe, S. 199

Keiner von uns kann mehr geben, als er hat, aber auch der Bescheidene, ja Arme ist eben genau insoweit wertvoll und edler Wirkung fähig, als sein innerstes Fühlen mit dem Lebenswillen der Natur einig ist. Alles davon Abweichende führt höchstens zu interessanten Mißgewächsen.

Gesammelte Briefe, Bd. 1, S. 251

Unsere Seele hat einen Zauber in sich, dem wir vertrauen dürfen, sie sucht das Ganze und ist bestrebt, jede Lücke, jeden Mangel auszugleichen. Sie ist bestrebt, jede Unfähigkeit durch eine erhöhte Leistung auf einem anderen Gebiet wettzumachen, und die zartesten, innigsten, holdesten Töne spielt sie im empfindlichsten, schwächsten, glücklosesten Menschen, um das Leben zu preisen, um ja zu sagen, um Gott zu loben.

Welt im Buch, Bd. 3

Die Flamme

Ob du tanzen gehst in Tand und Plunder,
Ob dein Herz sich wund in Sorgen müht,
Täglich neu erfährst du doch das Wunder,
Daß des Lebens Flamme in dir glüht.

Mancher läßt sie lodern und verprassen,
Trunken im verzückten Augenblick,
Andre geben sorglich und gelassen
Kind und Enkeln weiter ihr Geschick.

Doch verloren sind nur dessen Tage,
Den sein Weg durch dumpfe Dämmrung führt,
Der sich sättigt in des Tages Plage
Und des Lebens Flamme niemals spürt.

Die Gedichte, S. 384

Es gibt für uns keinen andern Weg der Entfaltung und Erfüllung als den der möglichst vollkommenen Darstellung des eigenen Wesens nach dem Gebot: ›Sei Du Selbst‹. Daß dieser Weg durch viele moralische und andre Hindernisse erschwert wird, daß die Welt uns lieber angepaßt und gehorsam sieht als eigensinnig, daraus entsteht für jeden mehr als durchschnittlich individualisierten Menschen der Lebenskampf. Da muß jeder für sich allein, nach seinen eigenen Kräften und Bedürfnissen, entscheiden, wieweit er sich der Konvention unterwerfen oder ihr trotzen will. Wo er die Konvention, die Forderungen von Familie, Staat, Gemeinschaft in den Wind schlägt, muß er es tun mit dem Wissen darum, daß es auf seine eigene Gefahr geschieht. Wieviel Gefahr einer auf sich zu nehmen fähig ist, dafür gibt es keinen objektiven Maßstab. Man muß jedes Zuviel, jedes Überschreiten des eigenen Maßes büßen, man darf ungestraft weder im Eigensinn, noch im Anpassen zu weit gehen.

Ausgewählte Briefe, S. 462

Die Erziehung, die wir vom Leben erfahren, fordert von jedem, der aus einem Kinde ein Mann werden soll, die Fähigkeit der Unterordnung und des Opferns, die Anerkennung von Zusammenhängen, deren Erhaltung und Pflege wir unsre eigene augenblickliche Lust und Begierde opfern müssen. Wir werden innerlich erwachsen und erzogen in der Stunde, wo wir diese Zusammenhänge anerkennen und uns ihnen nicht nur gezwungen, sondern freiwillig fügen.

Die Kunst des Müßiggangs, S. 179

Das Leben hat soviel Sinn, als wir ihm zu geben vermögen. Die Bibel und das Dogma und alle Philosophien sind nur eine Hilfe, diese Sinngebung zu erleichtern. Die Natur, die Pflanze und das Tier, bedarf der Sinngebung nicht, weil sie den Gedanken und die Sünde nicht kennt, sie lebt naiv und unschuldig. Wir Menschen sind weniger als Tiere, wenn wir versuchen wollen, ohne Sinn zu leben. Sinn gewinnt das Leben, wenn wir es, soweit möglich, dem naiven Streben nach egoistischer Lust entziehen und in einen Dienst stellen. Wenn wir diesen Dienst ernst nehmen, kommt der ›Sinn‹ von selbst.

Gesammelte Briefe, Bd. 2, S. 409

Niemand, der etwas wert ist, lebt zu seinem Vergnügen.

Aus einem unveröffentlichten Brief vom 1. 11. 1907

Die Praxis sollte das Ergebnis des Nachdenkens sein, nicht umgekehrt.

Gesammelte Erzählungen, Bd. 3, S. 152

Persönlichkeit entsteht auf keinem anderen Weg als auf dem des Vergeistigens der tierischen Triebe.

Schriften zur Literatur, GW 11, S. 158

Einsamkeit ist der Weg, auf dem das Schicksal den Menschen zu sich selber führen will.

Politik des Gewissens, S. 308

Du sollst dich nicht nach einer vollkommenen Lehre sehnen, sondern nach Vervollkommnung deiner selbst. Die Gottheit ist in dir, nicht in Begriffen und Büchern.

Das Glasperlenspiel, GW 9, S. 85

Wenn es einmal geschähe, daß ein Menschenleben von seinem Beginn bis zum Ende aufgeschrieben würde, samt allen Verwurzelungen und Verflechtungen, so würde das ein Epos ergeben, so reich wie die ganze Weltgeschichte.

Briefe an Freunde, S. 195

Gegen die Infamitäten des Lebens sind die besten Waffen: Tapferkeit, Eigensinn und Geduld. Die Tapferkeit stärkt, der Eigensinn macht Spaß und die Geduld gibt Ruhe.

Ausgewählte Briefe, S. 346

Wenn der, der etwas notwendig braucht, dies ihm Notwendige findet, so ist es nicht der Zufall, der es ihm gibt, sondern er selbst, sein eigenes Verlangen und Müssen führt ihn hin.

Demian, GW 5, S. 97

Vor allem aber kommt es darauf an, wie man sich innen einstellt, ob man das Schwere schwer und steif nimmt oder elastisch. Durch bloßen Entschluß sich die Schwere nehmen und sich wieder Schwung geben kann man ja nicht, aber es ist gut, daran zu denken und das Vertrauen auf die Flügel nicht zu verlieren, auch wenn sie grade müd und reparaturbedürftig sind.

Aus einem unveröffentlichten Brief vom 7. 2. 1923

Ja, sagen Sie ja zu sich, zu Ihrer Absonderung, Ihren Gefühlen, Ihrem Schicksal! Es gibt keinen andern Weg. Wohin er führt, weiß ich nicht, aber er führt ins Leben, in die Wirklichkeit, ins Brennende und Notwendige. Sie können ihn unerträglich finden und sich das Leben nehmen, das steht jedem offen, der Gedanke daran tut oft wohl, auch mir. Aber ihm entgehen, durch Entschluß, durch Verrat am eigenen Schicksal und Sinn, durch Anschluß an die »Normalen«, das können Sie nicht. Es würde nicht lang gelingen und größere Verzweiflung bringen als die jetzige.

Ausgewählte Briefe, S. 75 f.

Mir ist es so gegangen: Bespuckt und angegriffen bin ich noch niemals wegen irgendeiner dummen und halben und wertlosen Sache worden, sondern wenn ich ausgepfiffen wurde, so war es jedesmal für eine Leistung oder Gesinnung, die sich nachher bewährt hat.

Aus einem unveröffentlichten Brief vom 23. 5. 1929

Pfeifen

Klavier und Geige, die ich wahrlich schätze,
Ich konnte mich mit ihnen kaum befassen;
Mir hat bis jetzt des Lebens rasche Hetze
Nur zu der Kunst des Pfeifens Zeit gelassen.

Zwar darf ich mich noch keinen Meister nennen,
Lang ist die Kunst und kurz ist unser Leben.
Doch alle, die des Pfeifens Kunst nicht kennen,
Bedaure ich. Mir hat sie viel gegeben.

Drum hab ich längst mir innigst vorgenommen,
In dieser Kunst von Grad zu Grad zu reifen,
Und hoffe endlich noch dahin zu kommen,
Auf mich, auf euch, auf alle Welt zu pfeifen.

Die Gedichte, S. 558

Die Einsicht oder Ansicht, daß das Vollkommene und die Wissenschaft Stückwerk ist, darf niemand daran hindern, doch stets weiterzubauen und eben doch das Mögliche zu erreichen.

Gesammelte Briefe, Bd. 1, S. 215

Erziehung hat mich nie interessiert, dagegen Selbsterziehung immer. Aus Anlage und dem, was das Leben uns in die Hand gibt, sein Schicksal zu schmieden – aus individueller Herkunft und überpersönlichem Ziel die Spannung zum Streben zu nehmen – das Höchste an Menschenbild als Ideal in sich tragen und doch den Alltag und Zufall mit Phantasie und Humor nehmen – das etwa würde ich heute als Inhalt meiner »Erziehungs«versuche nennen.

Aus einem unveröffentlichten Brief, 1928

Wir wollen wo möglich einen Kern in uns bewahren, ein eigenes Schwergewicht, das uns daran hindert, mit in die sinnlose zentrifugale Schwingung gerissen zu werden, die immer unheimlicher wird und sich auch fern aller Politik in Tempo, Hetze und Unrast äußert.

Gesammelte Briefe, Bd. 3, S. 471

So hübsch auch die Anpassung an den Geist der Zeit und der Umwelt sei, die Freuden der Aufrichtigkeit sind größer und haltbarer.

Kleine Freuden, S. 158

Ich bin mein Leben lang ein Verfechter des Einzelnen, der Persönlichkeit gewesen und glaube nicht daran, daß es Allgemeingesetze gibt, mit denen dem Einzelnen gedient wäre. Die Gesetze und Rezepte sind im Gegenteil auch nicht für den Einzelnen da, sondern für die Vielen, für die Herden, Völker und Kollektive. Die wirklichen Persönlichkeiten haben es auf Erden schwerer, aber auch schöner, sie genießen nicht den Schutz der Herde, aber die Freuden der eigenen Phantasie, und müssen, wenn sie die Jugendjahre überstehen, eine sehr große Verantwortung tragen.

Ausgewählte Briefe, S. 366

Ich habe meinen Glauben stets auf den Einzelnen gebaut, denn der Einzelne ist erziehbar und verbesserungsfähig, und nach meinem Glauben war und ist es stets die kleine Elite von gutwilligen, opferfähigen und tapferen Menschen gewesen, die das Gute und Schöne in der Welt bewahrt hat.

Ausgewählte Briefe, S. 467

Wenn wir uns heute, den heutigen Nöten und Forderungen gegenüber, einigermaßen menschlich und anständig halten, wird auch die Zukunft menschlich sein können.

Politik des Gewissens, S. 718

Nichts entzieht sich der Darstellung durch Worte so sehr und nichts ist doch notwendiger den Menschen vor Augen zu stellen, als gewisse Dinge, deren Existenz weder beweisbar noch wahrscheinlich ist, welche aber eben dadurch, daß fromme und gewissenhafte Menschen sie gewissermaßen als seiende Dinge behandeln, dem Sein und der Möglichkeit des Geborenwerdens um einen Schritt näher geführt werden.

Das Glasperlenspiel, GW 9, S. 7

Der Mensch ist nichts Festes, Gewordenes und Fertiges, nichts Einmaliges und Eindeutiges, sondern etwas Werdendes, ein Versuch, eine Ahnung und Zukunft, Wurf und Sehnsucht der Natur nach neuen Formen und Möglichkeiten.

Politische Betrachtungen, GW 10, S. 436

Was lange leben will, muß dienen. Was aber herrschen will, das lebt nicht lange.

Die Morgenlandfahrt, GW 8, S. 342

Wir sollen alles das sehr ernst nehmen, was wir selber zu verantworten haben und was wir für unsre Pflicht und Aufgabe halten – aber das von außen Kommende, das Schicksal, das außerhalb unserer Einflüsse und Entschlüsse liegt, das brauchen wir nicht ernster zu nehmen als nötig und sollen ihm unser Ich ruhig entgegensetzen und es nicht in uns hineinlassen. Sonst wäre es keinem denkenden Menschen (es gibt freilich wenige) möglich, das Leben zu ertragen.

Lektüre für Minuten, S. 51

Das liebste und schönste Haus der Welt mit den schönsten Sachen und Erinnerungen drin kann zum Kerker werden, und es mit einem Dampfer zu vertauschen, der zu neuen Ufern und Aspekten trägt, kann Erlösung sein, so wie eine chirurgische Operation es sein kann.

Aus einem unveröffentlichten Brief vom 20. 3. 1948

Auch das Kranksein ist ein Lebensprozeß und will sein Recht haben.

Aus einem unveröffentlichten Brief vom 10. 3. 1923

Je mehr Einzelne da sind, welche dem Welttheater mit Ruhe und Kritik zuschauen, desto geringer ist die Gefahr der großen Massendummheiten, obenan der Kriege.

Ausgewählte Briefe, S. 89

Die aufrichtigen und einigermaßen klugen Menschen sind nicht so häufig, und wenn sie miteinander in Konflikte kommen, so sollten sie sich womöglich daran steigern und läutern.

Gesammelte Briefe, Bd. 2, S. 316

Es gibt kein Wachstum, das nicht ein Sterben enthält.

Erinnerung an Hans, GW 10, S. 204

Welkes Blatt

Jede Blüte will zur Frucht,
Jeder Morgen Abend werden,
Ewiges ist nicht auf Erden
Als der Wandel, als die Flucht.

Auch der schönste Sommer will
Einmal Herbst und Welke spüren.
Halte, Blatt, geduldig still,
Wenn der Wind dich will entführen.

Spiel dein Spiel und wehr dich nicht,
Laß es still geschehen.
Laß vom Winde, der dich bricht,
Dich nach Hause wehen.

Die Gedichte, S. 622

Gehorsam gegen die Weisheit unserer Seele

Die Wirklichkeit in uns

Weisheit ist Gehorsam gegen die Weisheit unseres Körpers und unserer Seele (nicht unseres Willens und Intellekts).

Gesammelte Briefe, Bd. 2, S. 400

Alle Kinder, solange sie noch im Geheimnis stehen, sind ohne Unterlaß in der Seele mit dem einzig Wichtigen beschäftigt, mit sich selbst und mit dem rätselhaften Zusammenhang ihrer eigenen Person mit der Welt ringsumher. Sucher und Weise kehren mit den Jahren der Reife zu dieser Beschäftigung zurück, die meisten Menschen aber vergessen und verlassen diese innere Welt des wahrhaft Wichtigen schon früh für immer und irren lebenslang in den bunten Irrsalen der Sorgen, Wünsche und Ziele umher, deren keines in ihrem Innersten wohnt, deren keines sie wieder zu ihrem Innersten und nach Hause führt.

Märchen, GW 6, S. 114

Was ist groß oder klein, wichtig oder unwichtig? Die Psychiater erklären einen Menschen für gemütskrank, der auf kleine Störungen, kleine Reizungen, kleine Beleidigungen seines Selbstgefühls empfindlich und heftig reagiert, während derselbe Mensch vielleicht Leiden und Erschütterungen gefaßt erträgt, welche der Majorität sehr schlimm erscheinen. Und ein Mensch gilt für gesund und normal, dem man lange auf die Zehen treten kann, ohne daß er es merkt, der die elendeste Musik, die kläglichste Architektur, die verdorbenste Luft klaglos und beschwerdelos erträgt, der aber auf den Tisch haut und den Teufel anruft, sobald er beim Kartenspiel ein bißchen verliert. Ich habe in Wirtshäusern schon sehr häufig Menschen von gutem Ruf, die für durchaus normal und ehrenwert gelten, wegen eines verlorenen Spiels, namentlich wenn sie einem Mitspieler meinten die Schuld am Verlust aufbürden zu müssen, so fanatisch, so grob, so säuisch fluchen und toben hören, daß ich sehr das Bedürfnis fühlte, beim nächsten Arzt die Internierung dieser Unglücklichen zu beantragen.

Kurgast, GW 7, S. 109

Wir ersticken in der für uns nicht atembaren Luft der Maschinenwelt und barbarischen Notdurft, die uns umgibt, aber wir lösen uns nicht vom Ganzen, wir nehmen es hin als unseren Teil am Weltgeschick, als unsere Sendung, als unsere Prüfung. Wir glauben an keines von den Idealen dieser Zeit. Aber wir glauben, daß der Mensch unsterblich ist, und daß sein Bild aus jeder Entstellung wieder genesen, aus jeder Hölle geläutert hervorgehen kann. Wir verhehlen nicht, daß die Seele der Menschheit in Gefahr und nahe dem Abgrund ist. Wir dürfen aber auch nicht verhehlen, daß wir an ihre Unsterblichkeit glauben.

Die Welt im Buch, Bd. 3

Zusammenhang

Aus lang verschwundener Völker Liedern her
Klingt oft ein Ton verwandt uns bis ins Herz,
Daß wir betroffen und mit halbem Schmerz
Hinüberlauschen, ob dort Heimat wär.

So auch ist unsres Herzschlags Ab und Auf
In festem Bann geknüpft ans Herz der Welt,
Das unsern Schlaf und unser Wachen hält
Im Einklang mit der Sonn' und Sterne Lauf.

Und unsrer wildesten Wünsche trübe Flut
Und unsrer frechsten Träume Fieberbrand
Ist Geist vom Urgeist, der noch nie geruht.

So gehn wir, unsre Fackeln in der Hand,
Gezeugt, genährt von uralt heiliger Glut
Und ewig neuen Sonnen zugewandt.

Die Gedichte, S. 336

Ich glaube an den Menschen als eine wunderbare Möglichkeit, die auch im größten Dreck nicht erlischt und ihm aus der größten Entartung zurückzuhelfen vermag, und ich glaube, diese Möglichkeit ist so stark und so verlockend, daß sie immer wieder als Hoffnung und als Forderung spürbar wird, und die Kraft, die den Menschen von seinen höheren Möglichkeiten träumen läßt und ihn immer wieder vom Tierischen wegführt, ist wohl immer dieselbe, einerlei ob sie heut Religion, morgen Vernunft und übermorgen wieder anders genannt wird. Das Schwingen, das Hin und Her zwischen dem realen Menschen und dem möglichen, dem erträumbaren Menschen ist dasselbe, was die Religionen als Beziehung zwischen Mensch und Gott auffassen.

Ausgewählte Briefe, S. 176

Wir hätten jeden Tag Lust, das Leben hinzuwerfen, und werden doch von dem gehalten, was in uns überpersönlich und überzeitlich ist. So wird unsre Schwäche, ohne daß wir darum Helden wären, zur Tapferkeit, und wir retten ein wenig vom überlieferten Gut an Glauben und Vertrauen für die nach uns Kommenden.

Kleine Freuden, S. 304

Alle Bücher der Welt voll Gedanken und Gedichten sind nichts gegen eine Minute Schluchzen, wo Gefühl in Strömen wogt, die Seele tief sich selber fühlt und findet. Tränen sind schmelzendes Seeleneis, dem Weinenden sind alle Engel nah.

Märchen, GW 6, S. 84

Kennst du das auch?

Kennst du das auch, daß manchesmal
Inmitten einer lauten Lust,
Bei einem Fest, in einem frohen Saal,
Du plötzlich schweigen und hinweggehn mußt?

Dann legst du dich aufs Lager ohne Schlaf
Wie einer, den ein plötzlich Herzweh traf;
Lust und Gelächter ist verstiebt wie Rauch,
Du weinst, weinst ohne Halt – Kennst du das auch?

Die Gedichte, S. 151

Es kommt ja vor, daß angesammelte Müdigkeit sich gerade dann am stärksten zeigt, wenn man aus der Arbeit heraus ist. Dann muß man ihr nachgeben, sie ist weiser als unsre Köpfchen, und muß sich Ruhe gönnen.

Gesammelte Briefe, Bd. 2, S. 400

Jeder gesunde Mensch verlangt etwas zu leisten. Aber nur verwirrter Ehrgeiz trachtet danach, in irgendeiner Sache der »Größte« zu sein.

Notiz vom August 1958

Sie sollten nicht fragen: ›Ist meine Art und Einstellung dem Leben gegenüber die richtige?‹ – denn darauf gibt es keine Antwort: jede Art ist ebenso richtig wie jede andre Art, jede ist ein Stück Leben. Sie sollten vielmehr fragen: ›Da ich nun einmal so bin, wie ich bin, da ich diese Bedürfnisse und Probleme in mir habe, die so vielen andern scheinbar ganz erspart bleiben – was muß ich tun, um dennoch das Leben zu ertragen und womöglich etwas Schönes aus ihm zu machen?‹ Und die Antwort darauf wird, wenn Sie wirklich auf die innerste Stimme hören, etwa so sein: ›Da du nun einmal so bist, solltest du andre wegen ihres Andersseins weder beneiden noch verachten und sollst nicht nach der ›Richtigkeit‹ deines Wesens fragen, sondern sollst deine Seele und ihre Bedürfnisse ebenso hinnehmen wie deinen Körper, deinen Namen, deine Herkunft etc.: als etwas Gegebenes, Unentrinnbares, wozu man ja sagen und wofür man einstehen muß, und wenn auch die ganze Welt dagegen wäre.

Ausgewählte Briefe, S. 34

Kampf war kein richtiges, kein gutes und kluges Verhalten zur Welt. Klug und richtig war einzig das Jasagen, das Geltenlassen, das stille Einverstandensein. Wo man dazu nicht fähig war, da handelte es sich um innere Unordnungen und Hemmungen, die man unsinnigerweise nach außen projizierte und in irgendwelchen Kämpfen auszutragen suchte. So handelten ja auch die Völker, wenn sie sich nicht wohl fühlten – dann schufen sie sich Feinde und schossen auf sie, mit Kanonen und Zeitungen. Nein, Kampf und Schießen war vielleicht notwendig, war vielleicht nicht zu vermeiden, aber ein Irrtum und Übel war es immer.

Aus: Das bittere Ende. Fragment aus dem Nachlaß

Das, was Sie Fortschritt nennen, vollzieht sich, wie die ganze geistige Geschichte der Menschheit, nicht in der Masse, sondern in einer kleinen Minderheit von Menschen, die ›eines guten Willens‹ sind. Das war immer so. Überall da, wo diese kleine Minderheit Macht erlangt, entsteht für einen Augenblick das Göttliche auf der Erde: Religion, Kultur. Und unsre Aufgabe ist es nicht, die unkorrigierbare Welt zu belehren, sondern eben immer wieder diese Minderheit zu bilden und das bedrohte kleine Reich Gottes nicht aussterben zu lassen.

Gesammelte Briefe, Bd. 2, S. 229

Mancher von uns weiß mit dem Verstand oder mit dem Herzen, daß es sich nicht um Fortschritt und Romantik, um Vorwärts oder Rückwärts handelt, sondern um außen und innen, daß wir nicht die Eisenbahn und das

Auto scheuen, nicht das Geld und die Vernunft, sondern nur das Vergessen Gottes, das Verflachen der Seelen.

Aus einem unveröffentlichten Brief

Jeder, der an einen Sinn im Leben und an die hohe Bestimmung des Menschen glaubt, ist im heutigen Chaos wertvoll, einerlei zu welcher Konfession er gehört und an welche Zeichen er glaubt.

Ausgewählte Briefe, S. 535

Ich halte es nicht für das Wichtigste, welchen Glauben ein Mensch habe, sondern daß er überhaupt einen habe.

Schriften zur Literatur, GW 12, S. 286

Sinn und Wesen ist nicht irgendwo hinter den Dingen, sie sind in ihnen, in allem.

Siddhartha, GW 5, S. 385

Das Ziel der Weisheit ist, daß man den Dingen nur so viel Macht über sich einräumt, als man selber will, und daß man sein Schicksal nicht mehr von außen empfängt, sondern es nimmt als Atemzug aus dem eigenen Innern.

Aus einem unveröffentlichten Brief vom 4. 10. 1918

Bekenntnis

Holder Schein, an deine Spiele
Sieh mich willig hingegeben;
Andre haben Zwecke, Ziele,
Mir genügt es schon, zu leben.

Gleichnis will mir alles scheinen,
Was mir je die Sinne rührte,
Des Unendlichen und Einen,
Das ich stets lebendig spürte.

Solche Bilderschrift zu lesen,
Wird mir stets das Leben lohnen,
Denn das Ewige, das Wesen,
Weiß ich in mir selber wohnen.

Die Gedichte, S. 432

Wem Schicksal von außen kommt, den erlegt es, wie der Pfeil das Wild erlegt. Wem Schicksal von innen und aus seinem Eigensten kommt, den stärkt es und macht ihn zum Gott.

Zarathustras Wiederkehr, GW 10, S. 473

Es hat jeder Mensch, sofern er überhaupt eine Person ist und ein Gesicht hat, auch seine Art von Schicksal, ihm zubestimmt und zugeboren, und oft sieht es aus, als wähle er dies Schicksal sich selber und absichtlich, so sicher tut und erlebt er das ihm Zubestimmte.

Gesammelte Briefe, Bd. 3, S. 162

Jeder Mensch ist nicht nur er selber, er ist auch der einmalige, ganz besondere, in jedem Fall wichtige und merkwürdige Punkt, wo die Erscheinungen der Welt sich kreuzen, nur einmal so und nie wieder. Darum ist jedes Menschen Geschichte wichtig, ewig, göttlich, darum ist jeder Mensch, solange er irgend lebt und den Willen der Natur erfüllt, wunderbar und jeder Aufmerksamkeit würdig.

Demian, GW 5, S. 7

Tugend ist Gehorsam. Die Frage ist nur, *wem* man gehorche. Nämlich auch der Eigensinn ist Gehorsam. Aber alle andern, so sehr beliebten und belobten Tugenden sind Gehorsam gegen Gesetze, welche von Menschen gegeben sind. Einzig der Eigensinn ist es, der nach diesen Gesetzen nicht fragt. Wer eigensinnig ist, gehorcht einem anderen Gesetz, dem ›Sinn‹ des ›Eigenen‹.

Betrachtungen, GW 10, S. 454

Ich glaube, daß ich für die Sinnhaftigkeit oder Sinnlosigkeit des Lebens nicht verantwortlich bin, daß ich aber dafür verantwortlich bin, was ich selber mit meinem eigenen, einmaligen Leben anfange.

Ausgewählte Briefe, S. 33

Eine Persönlichkeit, ein einmaliger, eigener Mensch zu werden, ist nicht Jedem bestimmt, der Weg dahin hat Gefahren und bringt Schmerzen, er bringt aber auch Glück und Tröstungen, die die andern nicht kennen.

Ängstigen Sie sich nicht zu sehr, fliehen Sie weder ins Kindliche zurück noch nach vorwärts in Trotz und Schnoddrigkeit, es würde Ihnen beides nichts nützen. Sagen Sie Ja zum Besten und Stärksten in Ihnen! Dann geht es schon weiter.

Ausgewählte Briefe, S. 408

Es kommt, wenn ein Mensch das Bedürfnis hat, sein Leben zu rechtfertigen, nicht auf eine objektive, allgemeine Höhe der Leistung an, sondern eben darauf, daß er sein Wesen, das ihm Mitgegebene, so völlig und rein wie möglich in seinem Leben und Tun zur Darstellung bringe.

Ausgewählte Briefe, S. 260

Wir müssen nicht hinten beginnen bei den Regierungsformen und politischen Methoden, sondern wir müssen vorn anfangen beim Bau der Persönlichkeit, wenn wir wieder Geister und Männer haben wollen, die uns Zukunft verbürgen.

Zarathustras Wiederkehr, GW 10, S. 467

Die Mythen der Bibel, wie alle Mythen der Menschheit, sind für uns wertlos, solang wir sie nicht persönlich und für uns und unsere Zeit zu deuten wagen. Dann aber können sie uns sehr wichtig werden.

Ausgewählte Briefe, S. 30

Man lebt nicht nur, sondern wird auch gelebt, und das ist der einzige, aber gute Trost gegen die nutzlosen Minderwertigkeitsgefühle, zu denen unsereiner neigt und die wir nicht hegen und pflegen sollten. Wir werden gelebt: das heißt: neben dem, was wir selber wollen und entscheiden, hängt unser Leben von tausend Mächten ab, über die wir nicht Macht haben, von Familie, Staat, Geschäft, Konjunktur, Krankheiten und tausenderlei, das Ganze ist ein Netz von Beziehungen und Abhängigkeiten, und für dieses Netz verantwortlich sind im Grunde nicht wir, sondern Gott oder das Weltganze. Und wenn ein frommer Mann sagt, daß er sich keine Sorgen mache, sondern seine Sorgen auf Gott ablade, dem er vertraue, so tut er damit etwas, was auch wir lernen sollten, so viel wie möglich.

Aus einem unveröffentlichten Brief vom Mai 1948

Vielleicht ist jedem Menschen wie einem geschleuderten Ball seine Wurfbahn vorgezeichnet und er folgt einer längst bestimmten Linie, während er das Schicksal zu zwingen oder zu hänseln meint. Jedenfalls aber ruht das ›Schicksal‹ in uns und nicht außer uns, und damit bekommt die Oberfläche des Lebens, das sichtbare Geschehen eine gewisse Unwichtigkeit. Was man gewöhnlich schwer nimmt und gar tragisch nennt, wird dann oft zur Bagatelle. Und dieselben Leute, die vor dem Anschein des Tragischen in die Knie sinken, leiden und gehen unter an Dingen, die sie nie beachtet haben.

Diesseits, GW 2, S. 256

Der Mensch hat auf der Erde das Regiment erobert und er ist kein guter Regent. Es warten keine Paradiese auf uns. Aber die Erwachten und Gutgesinnten müssen dennoch das ihre tun, nicht mit Lehren und Predigten, sondern indem jeder in seinem Kreis recht und sinnvoll zu leben versucht.

Ausgewählte Briefe, S. 497

Was gut und was schlecht ist, weiß ich nicht, es ist mir immer zweifelhafter geworden. Gut ist der Mensch, wenn zwischen seinen Urtrieben und seinem bewußten Leben Harmonie herrscht, andernfalls ist er böse und gefährlich.

Aus einem unveröffentlichten Brief, 1919

Im Älterwerden neigt man dazu, auch die moralischen Erscheinungen, die Verwirrungen und Entartungen im Menschen- und Völkerleben wie Naturlaunen zu nehmen, wobei einem wenigstens der tröstliche Ausblick bleibt, daß noch nach jeder Katastrophe wieder Gras und Blumen gewachsen sind und daß nach jeder Verrücktheit die Völker wieder zu gewissen moralischen Grundbedürfnissen zurückkehren, denen trotz allem doch eine gewisse Stabilität und Norm innezuwohnen scheint.

Aus einem unveröffentlichten Brief vom 14. 6. 1939

Auf eine menschenwürdige Art alt zu werden und jeweils die unserem Alter zukommende Haltung oder Weisheit zu haben, ist eine schwere Kunst; meistens sind wir mit der Seele dem Körper gegenüber entweder voraus oder zurück, und zu den Korrekturen dieser Differenzen gehören jene Erschütterungen des inneren Lebensgefühls, jenes Zittern und Bangen an den Wurzeln, die uns je und je bei Lebenseinschnitten und Krankheiten befallen. Mir scheint, man darf ihnen gegenüber wohl klein sein und sich klein fühlen, wie Kinder durch Weinen und Schwäche hindurch am besten das Gleichgewicht nach einer Störung des Lebens wiederfinden.

Ausgewählte Briefe, S. 146

Vergiß es nicht

Es ist kein Tag so streng und heiß,
Des sich der Abend nicht erbarmt,
Und den nicht gütig, lind und leis
Die mütterliche Nacht umarmt.

Auch du, mein Herz, getröste dich,
So heiß dein Sehnen dich bedrängt,
Die Nacht ist nah, die mütterlich
In sanfte Arme dich empfängt.

Es wird ein Bett, es wird ein Schrein
Dem ruhelosen Wandergast
Von fremder Hand bereitet sein,
Darin du endlich Ruhe hast.

Vergiß es nicht, mein wildes Herz,
Und liebe sehnlich jede Lust
Und liebe auch den bittern Schmerz,
Eh du für immer ruhen mußt.

Es ist kein Tag so streng und heiß,
Des sich der Abend nicht erbarmt,
Und den nicht gütig, lind und leis
Die mütterliche Nacht umarmt.

Die Gedichte, S. 277

Das Altwerden an sich ist ja ein natürlicher Prozeß, und ein Mann von 65 oder 75 Jahren ist, wenn er nicht jünger sein will, durchaus ebenso gesund und normal wie einer von 30 oder 50. Aber man ist eben mit seinem eigenen Alter leider nicht immer auf einer Stufe, man eilt ihm innerlich oft voraus, und noch öfter bleibt man hinter ihm zurück – das Bewußtsein und Lebensgefühl ist dann weniger reif als der Körper, wehrt sich gegen dessen natürliche Erscheinungen und verlangt etwas von sich selber, was es nicht leisten kann.

H. Hesse – H. Sturzenegger, Briefwechsel, S. 73

Ich glaube, daß trotz des offensichtlichen Unsinns das Leben dennoch einen Sinn hat, ich ergebe mich darein, diesen letzten Sinn mit dem Verstand nicht erfassen zu können, bin aber bereit, ihm zu dienen, auch wenn ich mich dabei opfern muß. Diesen Glauben kann man nicht befehlen und sich nicht zu ihm zwingen. Man kann ihn nur erleben. Wer es nicht kann, der sucht seinen Glauben dann bei der Kirche oder bei der Wissenschaft oder bei den Patrioten oder Sozialisten oder irgendwo, wo es fertige Moralen, Programme und Rezepte gibt.

Ausgewählte Briefe, S. 43f.

Beim Schlafengehen

Nun der Tag mich müd gemacht,
Soll mein sehnliches Verlangen
Freundlich die gestirnte Nacht
Wie ein müdes Kind empfangen.

Hände laßt von allem Tun,
Stirn vergiß du alles Denken,
Alle meine Sinne nun
Wollen sich in Schlummer senken.

Und die Seele unbewacht
Will in freien Flügeln schweben,
Um im Zauberkreis der Nacht
Tief und tausendfach zu leben.

Die Gedichte, S. 382

Das Glück ist ein Talent, kein Objekt

Von Freude, Glück, Heiterkeit und Humor

Das Glück ist ein Wie, kein Was, ein Talent, kein Objekt.

Gesammelte Briefe, Bd. 1, S. 84

Schönheit beglückt nicht den, der sie besitzt, sondern den, der sie lieben und anbeten kann.

Kleine Freuden, S. 132

Der Reiche könnte wohl, aber er kann nicht.

Kleine Freuden, S. 8

Dem Mangel unseres Sinnes für Rentabilität und Unternehmerlust entspricht bei unseren Antipoden, den Unternehmern und Rentablen, der Mangel einer seelischen Dimension. Unsere romantisch-poetische Infantilität ist nicht infantiler als die kinderstolze Zuversicht des welterobernden Ingenieurs, der an seinen Rechenschieber glaubt wie wir an unsern Gott und der in Zorn oder Angst gerät, wenn die Unbedingtheit seiner Weltregeln durch Einstein erschüttert wird. Wir Romantiker und Sentimentalen, als die wir von der großstädtischen Literatur meist verspottet werden, wir sind ja nicht alle bloß dumme Fanatiker, die wegen eines zum Fall verurteilten alten Gemäuers die Öffentlichkeit bemühen und die Heimatschutzgarden mobilisieren, manche von uns sind nahezu ebenso klug wie mancher von der Rentabilitätspartei und sind im Herzen vielleicht zukunftsgläubiger und nach der Zukunft begieriger als viele von den Frommen des Fortschritts.

Bilderbuch, GW 6, S. 328

Über dem ängstlichen Gedanken, was uns etwa morgen zustoßen könnte, verlieren wir das Heute, die Gegenwart und damit die Wirklichkeit. Geben Sie dem Heute, dem Tag, der Stunde, dem Augenblick sein Recht!

Aus einem unveröffentlichten Brief, Dreißiger Jahre

Wenn man Freude an einer produktiven Arbeit hat, dann lebt man aus dem Vollen, auch wenn es einem sonst mäßig geht.

Aus einem unveröffentlichten Brief vom 10. 1. 1929

Der Kairos ist die gute Stunde oder die rechte Zeit, oder der glückliche Augenblick. Damit ein Werk oder Werkchen entstehe, bedarf es des Kairos, nicht der Absicht, noch weniger eines fremden Auftrags.

Gesammelte Briefe, Bd. 4, S. 188

Glück

Solang du nach dem Glücke jagst,
Bist du nicht reif zum Glücklichsein,
Und wäre alles Liebste dein.

Solange du um Verlornes klagst
Und Ziele hast und rastlos bist,
Weißt du noch nicht, was Friede ist.

Erst wenn du jedem Wunsch entsagst,
Nicht Ziel mehr noch Begehren kennst,
Das Glück nicht mehr mit Namen nennst,

Dann reicht dir des Geschehens Flut
Nicht mehr ans Herz, und deine Seele ruht.

Die Gedichte, S. 286

Wenn jemand sucht, dann geschieht es leicht, daß sein Auge nur noch das Ding sieht, das er sucht, daß er nichts zu finden, nichts in sich einzulassen vermag, weil er nur immer an das Gesuchte denkt, weil er ein Ziel hat, weil er vom Ziel besessen ist. Suchen heißt: ein Ziel haben. Finden aber heißt: frei sein, offen stehen, kein Ziel haben.

Siddhartha, GW 5, S. 460f.

Ich bin auch hierin ein unmoderner Mensch, daß ich Gefühle und Sentimentalitäten nicht wegwerfe und hasse, sondern mich frage: Womit leben wir denn eigentlich, wo spüren wir das Leben, wenn nicht in unseren Gefühlen? Was hilft mir ein voller Geldsack, ein gutes Bankkonto, eine flotte Bügelfalte und ein hübsches Mädchen, wenn ich dabei nichts fühle, wenn meine Seele sich nicht rührt? Nein, so sehr ich Sentimentalitäten an anderen hassen kann, an mir selbst liebe und verwöhne ich sie eher ein wenig. Das Gefühl, die Zartheit und leichte Erregbarkeit der seelischen Schwingungen, das ist ja meine Mitgift, daraus muß ich mein Leben bestreiten. Wäre ich auf meine Muskelkraft angewiesen und ein Ringer oder Boxer geworden, so würde kein Mensch von mir verlangen, ich solle Muskelkraft für etwas Untergeordnetes ansehen. Wäre ich stark im Kopfrechnen und wäre Leiter eines großen Bureaus, so würde kein Mensch mir zumuten, die Stärke im Kopfrechnen als eine Minderwertigkeit zu verachten. Vom Dichter aber verlangt die jüngste Zeit, und manche junge Dichter verlangen es selber von sich, daß sie gerade das, was den Dichter ausmacht, die Erregbarkeit der Seele, die Fähigkeit, sich zu verlieben, die Fähigkeit zu lieben und zu glühen, sich hinzugeben und in der Welt der Gefühle das Unerhörte und Übernormale zu erleben – daß sie gerade diese ihre Stärke hassen und sich ihrer schämen und sich gegen alles wehren sollen, was ›sentimental‹ heißen könnte. Nun ja, mögen sie es tun; ich mache nicht mit, mir sind meine Gefühle tausendmal lieber als alle Schneidigkeit der Welt, und sie allein haben mich davor bewahrt, in den Kriegsjahren die Sentimentalität der Schneidigen mitzumachen.

Die Nürnberger Reise, GW 7, S. 135

Das Innerste in uns begehrt Glück, begehrt einen wohltuenden Zusammenklang mit dem, was außer uns ist. Dieser Klang wird gestört, sobald unser Verhältnis zu irgendeinem Ding ein andres ist als Liebe. Es gibt keine Pflicht des Liebens, es gibt nur eine Pflicht des Glücklichseins. Dazu allein sind wir auf der Welt. Und mit aller Pflicht und aller Moral und allen Geboten macht man einander selten glücklich, weil man sich selbst damit nicht glücklich macht. Wenn der Mensch »gut« sein kann, so kann er es nur, wenn er glücklich ist, wenn er Harmonie in sich hat. Also wenn er liebt.

Kleine Freuden, S. 133

Reiselied

Sonne leuchte mir ins Herz hinein,
Wind verweh mir Sorgen und Beschwerden!
Tiefere Wonne weiß ich nicht auf Erden,
Als im Weiten unterwegs zu sein.

Nach der Ebne nehm ich meinen Lauf,
Sonne soll mich sengen, Meer mich kühlen;
Unsrer Erde Leben mitzufühlen
Tu ich alle Sinne festlich auf.

Und so soll mir jeder neue Tag
Neue Freunde, neue Brüder weisen,
Bis ich leidlos alle Kräfte preisen,
Aller Sterne Gast und Freund sein mag.

Die Gedichte, S. 305

Stelle dir dein Wesen als einen tiefen See mit kleiner Oberfläche vor. Die Oberfläche ist das Bewußtsein. Dort ist es hell, dort geht das vor sich, was wir denken heißen. Der Teil des Sees aber, der diese Oberfläche bildet, ist ein unendlich kleiner. Er mag der schönste, der interessanteste Teil sein, denn in der Berührung mit Luft und Licht erneuert, verändert, bereichert sich das Wasser. Aber die Wasserteile selbst, die an der Oberfläche sind, wechseln unaufhörlich. Immer steigt es von unten, sinkt von oben, immer geschehen Strömungen, Ausgleichungen, Verschiebungen, jeder Teil Wassers will auch einmal oben sein. – Wie nun der See aus Wasser, so besteht unser Ich oder unsre Seele (es ist nichts an den Worten gelegen) aus tausend und Millionen Teilen, aus einem stets wachsenden, stets wechselnden Gut von Besitz, von Erinnerungen, von Eindrücken. Was unser Bewußtsein davon sieht, ist die kleine Oberfläche. Den unendlich größeren Teil ihres Inhalts sieht die Seele nicht. Reich und gesund nun und zum Glück fähig scheint mir die Seele, in der aus dem großen Dunkel nach dem kleinen Lichtfelde hin ein beständiger, frischer Zuzug und Austausch vor sich geht.

Kleine Freuden, S. 141

Daß ich den mir wichtigen Kreis der Dinge dauernd im Blickfeld meines Bewußtseins habe, ist nicht entscheidend für den Wert und die Steigerung meines Ich, sondern nur das, daß ich zwischen dem Bezirk des Bewußtseins und des Unterbewußten gute, leichte, flüssige Beziehungen habe. Wir sind nicht Denkmaschinen, sondern Organismen.

Kleine Freuden, S. 141

Es gibt in der tiefen Meditation die Möglichkeit, die Zeit aufzuheben, alles gewesene, seiende und sein werdende Leben als gleichzeitig zu sehen, und da ist alles gut, alles vollkommen, alles ist Brahman. Darum scheint mir das, was ist, gut, es scheint mir Tod wie Leben, Sünde wie Heiligkeit, Klugheit wie Torheit, alles muß so sein, alles bedarf nur meiner Zustimmung, nur meiner Willigkeit, meines liebenden Einverständnisses, so ist es für mich gut, kann mir nie schaden. Ich habe an meinem Leibe und an meiner Seele erfahren, daß ich der Sünde sehr bedurfte, ich bedurfte der Wollust, des Strebens nach Gütern, der Eitelkeit und bedurfte der schmählichsten Verzweiflung, um das Widerstreben aufgeben zu lernen, um die Welt lieben zu lernen, um sie nicht mehr mit irgendeiner von mir gewünschten, von mir eingebildeten Welt zu vergleichen, einer von mir ausgedachten Art der Vollkommenheit, sondern sie zu lassen, wie sie ist, und sie zu lieben und ihr gerne anzugehören.

Siddhartha, GW 5, S. 464

Wenn aus bedecktem Himmel ein Sonnenstrahl in eine trübe Gasse fällt, so ist es einerlei, was er trifft: die Flaschenscherbe am Boden, das zerfetzte Plakat an der Wand oder den blonden Flachs eines Kinderkopfes: er bringt Licht, er bringt Zauber, er verwandelt und verklärt.

Schriften zur Literatur, GW 12, S. 505

Blauer Schmetterling

Flügelt ein kleiner blauer
Falter vom Wind geweht,
Ein perlmutterner Schauer,
Glitzert, flimmert, vergeht.
So mit Augenblicksblinken,
So im Vorüberwehn
Sah ich das Glück mir winken,
Glitzern, flimmern, vergehn.

Die Gedichte, S. 590

Das ist das Herrliche an jeder Freude, daß sie unverdient kommt und niemals käuflich ist.

Bilderbuch, GW 6, S. 194

Ich möchte ein altes, leider ganz unmodernes Privatmittel in Erinnerung bringen: Mäßiger Genuß ist doppelter Genuß. Und: Überseht doch die kleinen Freuden nicht!

Also: Maßhalten. In gewissen Kreisen gehört Mut dazu, eine Premiere zu versäumen. In weiteren Kreisen gehört Mut dazu, eine literarische Novität einige Wochen nach ihrem Erscheinen noch nicht zu kennen. In den allerweitesten Kreisen ist man blamiert, wenn man die heutige Zeitung nicht gelesen hat. Aber ich kenne einige, welche es nicht bereuen, diesen Mut gehabt zu haben.

Kleine Freuden, S. 8

Das Beste, das Schönste, das Begehrenswerteste auf der Welt kann man nur mit der eigenen Seele bezahlen, wie man Liebe niemals kaufen kann, und wessen Seele nicht rein, nicht des Guten fähig, nicht wenigstens des Glaubens an das Gute fähig ist, dem klingt auch das Beste und Edelste nicht mehr rein und voll entgegen, und er muß sich für immer mit dem verkleinerten, verdorbenen, getrübten Bilde der Welt begnügen, das seine Gedanken sich zur eigenen Qual und Verarmung geschaffen haben.

Betrachtungen, GW 10, S. 27

Unser Leben ist ein nie unterbrochenes Gewebe von Auf und Ab, Niedergang und Neubildung, Verfall und Auferstehung, und so stehen all den düsteren und kläglichen Zeichen eines Zerfalls unserer Kultur andere, hellere Zeichen gegenüber, die auf ein neues Erwachen des metaphysischen Bedürfnisses, auf die Bildung einer neuen Geistigkeit, auf ein leidenschaftliches Bemühen um eine neue Sinngebung für unser Leben deuten.

Kleine Freuden, S. 183

Kostet das Glück der Hingabe, das Glück der Bedürfnislosigkeit, das Glück hilfsbereiter Zusammenarbeit! Kein andrer Weg führt euch so rasch und so sicher in das Wissen von der Einheit und Heiligkeit des Lebens! Kein andrer Weg auch führt euch so sicher zum Ziel aller Lebenskunst, zur freudigen Überwindung des Egoismus – nicht durch Verzicht auf Persönlichkeit, sondern durch deren höchste Entwicklung.

Politik des Gewissens, S. 409

Phantasie ist die Mutter der Zufriedenheit, des Humors, der Lebenskunst. Phantasie gedeiht nur auf dem Grunde eines innigen Einverständnisses zwischen dem Menschen und seiner sachlichen Umgebung. Diese Umgebung braucht nicht schön, nicht eigentümlich, nicht reizend zu sein. Wir müssen nur Zeit haben, mit ihr zu verwachsen, und daran fehlt es heute überall.

Lektüre für Minuten, S. 112

Glück gibt es nur, wenn wir vom Morgen nichts verlangen und vom Heute dankbar annehmen, was es bringt, – die Zauberstunde kommt doch immer wieder.

Aus einem unveröffentlichten Brief, 1922

Wo befreundete Wege zusammenlaufen, da sieht die ganze Welt für eine Stunde wie Heimat aus.

Demian, GW 5, S. 138

Die hohe Bewertung der Minute, die Eile als wichtigste Ursache unserer Lebensform ist ohne Zweifel der gefährlichste Feind der Freude. Möglichst viel und möglichst schnell ist die Losung. Daraus folgt immer mehr Vergnügen und immer weniger Freude.

Kleine Freuden, S. 7

Mir schiene für sehr viele schwer seelenkranke Menschen der rasche Verlust ihres Vermögens und die Erschütterung ihres Glaubens an die Heiligkeit des Geldes durchaus kein Unglück, sondern die sicherste, ja die einzig mögliche Rettung zu bedeuten, und ebenso scheint mir inmitten unseres heutigen Lebens, im Gegensatz zum alleinigen Kultus der Arbeit und des Geldes der Sinn für das Spiel des Augenblicks, das Offenstehen für den Zufall, etwas durchaus Wünschenswertes, woran wir alle sehr Mangel leiden.

Kurgast, GW 7, S. 83

Du, der Du traurig und fern von den Deinen bist, lies zuweilen einen guten Spruch, ein Gedicht, erinnere Dich einer schönen Musik, einer schönen Landschaft, eines reinen und guten Augenblicks in Deinem Leben! Und sieh, ob nicht, wenn es Dir ernst ist, das Wunder geschieht, daß die Stunde heller, die Zukunft tröstlicher, das Leben liebenswerter ist!

Die Kunst des Müßiggangs, S. 180

Spätblau

O reine, wundervolle Schau,
Wenn du aus Purpurrot und Gold
Dich ebnest friedvoll, ernst und hold,
Du leuchtendes Späthimmelblau!

Du mahnst an eine blaue See,
Darauf das Glück vor Anker hält
Zu seliger Rast. Vom Ruder fällt
Der letzte Tropfen Erdenweh.

Die Gedichte, S. 82

Zum Erleben des Glückes bedarf es vor allem der Unabhängigkeit von der Zeit und damit von der Furcht sowohl wie von der Hoffnung.

Späte Prosa, GW 8, S. 487

Von allem, was der Mensch begehrte, war er immer nur durch Zeit getrennt, durch Zeit, diese tolle Erfindung. Sie war eine der Stützen, eine der Krücken, die man vor allem fahren lassen mußte, wenn man frei werden wollte.

Klein und Wagner, GW 5, S. 291

Den Glauben, daß uns kein Glück oder Unglück geschieht, dem wir nicht einen Sinn und eine Wendung ins Wertvolle geben können, den habe ich heute wie immer und gebe ihn weder für mich noch für andre auf.

Aus einem unveröffentlichten Brief vom 21. 2. 1930

Heiterkeit ist weder Tändelei, noch Selbstgefälligkeit, sie ist höchste Erkenntnis und Liebe, ist Bejahen aller Wirklichkeit, Wachsein am Rand aller Tiefen und Abgründe. Sie ist das Geheimnis des Schönen und die eigentliche Substanz jeder Kunst.

Das Glasperlenspiel, GW 9, S. 347

Zu den einfachen Bedürfnissen, auf die man sich sonst nie besinnt, weil sie nie zum Hunger werden, gehört auch die Heimat. Damit meine ich nicht das Vaterland – das gehört schon zu den höheren, geistigen Gaben und

Bedürfnissen. Ich meine die Bilder, die jeder von uns als sein bestes Erinnerungsgut aus der Kindheit bewahrt hat. Sie sind nicht darum so schön, weil die Heimat unbedingt schöner wäre als die andre Welt; sie sind bloß darum so schön, weil wir sie zuerst, mit der ersten Dankbarkeit und Frische unserer jungen Kinderaugen gesehen haben.

Das ist keine Sentimentalität. Das Sicherste, was wir haben, wenn wir nicht die höchsten Stufen im Geistigen erreicht haben, das ist die Heimat. Man kann Verschiedenes darunter verstehen. Die Heimat kann eine Landschaft sein, oder ein Garten, oder eine Werkstatt, oder auch ein Glockenklang, oder ein Geruch. Das, worum es sich handelt, ist die Erinnerung an die Zeit des Heranwachsens, an die ersten, stärksten, heiligsten Eindrücke unseres Lebens...

Es ist ans Innerste gerührt, an den kleinen sicheren Schatz, den wir aus den Jahren der frühesten Jugend haben. Da liegen Bilder und Eindrücke durcheinander, man schätzt sie oft wenig, aber alles zusammen ist eine satte Lösung, an die man nicht rühren kann, ohne daß es Kristalle gibt.

Gesammelte Briefe, Bd. 1, S. 313f.

Nichts Schöneres, als wenn in einer Familie die Begabung für einen Beruf und die Hingabe an ihn erblich sind, es entsteht da eine besonders intime und auch besonders intensive Tradition, es wird da etwas vom Besten und Heiligsten vererbt und weiter gepflegt und getragen, und Familien mit solchen Begabungen und

Traditionen sind festere Stützen der Schule und der Bildung als alle amtlichen Programme.

Aus einem unveröffentlichten Brief vom 22. 8. 1950

Es darf nicht jeder die Welt nur daraufhin ansehen, was im Augenblick und bei genauester Prüfung sich als wertvoll und wichtig erweist, vielmehr ist die reine Kunst des Genießens, des ruhigen Anschauens und Geltenlassens ein Gut, das uns kein noch so kühner und feiner Intellektueller rauben darf, sonst zerstört er mehr Kultur, als aller Verstand der Welt wieder geben kann.

Italien, S. 350

Die Kraft des Genießens und die des Erinnerns sind voneinander abhängig. Genießen heißt einer Frucht ohne Rest ihre Süßigkeit entpressen. Und Erinnerung heißt die Kunst, einmal Genossenes nicht nur festzuhalten, sondern immer reiner auszuformen.

Bilderbuch, GW 6, S. 185

Die Tiefe ist im Klaren und Heiteren.

Das Glasperlenspiel, GW 9, S. 345

Das Schöne ist eine der Erscheinungsformen der Wahrheit.

Ausgewählte Briefe, S. 363

In Sand geschrieben

Daß das Schöne und Berückende
Nur ein Hauch und Schauer sei,
Daß das Köstliche, Entzückende,
Holde ohne Dauer sei:
Wolke, Blume, Seifenblase,
Feuerwerk und Kinderlachen,
Frauenblick im Spiegelglase
Und viel andre, wunderbare Sachen,
Daß sie, kaum entdeckt, vergehen,
Nur von Augenblickes Dauer,
Nur ein Duft und Windeswehen,
Ach, wir wissen es mit Trauer.
Und das Dauerhafte, Starre
Ist uns nicht so innig teuer:
Edelstein mit kühlem Feuer,
Glänzendschwere Goldesbarre;
Selbst die Sterne, nicht zu zählen,
Bleiben fern und fremd, sie gleichen
Uns Vergänglichen nicht, erreichen
Nicht das Innerste der Seelen.
Nein, es scheint das innigst Schöne,
Liebenswerte dem Verderben
Zugeneigt, stets nah am Sterben,
Und das Köstlichste: die Töne
Der Musik, die im Entstehen
Schon enteilen, schon vergehen,
Sind nur Wehen, Strömen, Jagen

Und umweht von leiser Trauer,
Denn auch nicht auf Herzschlags Dauer
Lassen sie sich halten, bannen;
Ton um Ton, kaum angeschlagen,
Schwindet schon und rinnt von dannen.
So ist unser Herz dem Flüchtigen,
Ist dem Fließenden, dem Leben
Treu und brüderlich ergeben,
Nicht dem Festen, Dauertüchtigen.
Bald ermüdet uns das Bleibende,
Fels und Sternwelt und Juwelen,
Uns in ewigem Wandel treibende
Wind- und Seifenblasenseelen,
Zeitvermählte, Dauerlose,
Denen Tau am Blatt der Rose,
Denen eines Vogels Werben,
Eines Wolkenspieles Sterben,
Schneegeflimmer, Regenbogen,
Falter, schon hinweggeflogen,
Denen eines Lachens Läuten,
Das uns im Vorübergehen
Kaum gestreift, ein Fest bedeuten
Oder wehtun kann. Wir lieben,
Was uns gleich ist, und verstehen,
Was der Wind in Sand geschrieben.

Die Gedichte, S. 698f.

Aller höhere Humor fängt damit an, daß man die eigene Person nicht mehr ernst nimmt.

Der Steppenwolf, GW 7, S. 369

In der Welt zu leben, als sei es nicht die Welt, das Gesetz zu achten und doch über ihm zu stehen, zu besitzen, ›als besäße man nicht‹, zu verzichten, als sei es kein Verzicht – alle diese beliebten und oft formulierten Forderungen einer hohen Lebensweisheit ist einzig der Humor zu verwirklichen fähig.

Der Steppenwolf, GW 7, S. 238

Ja, an der Menschheit zu verzweifeln, wäre viel Anlaß da, aber da Verzweifeln kein rationaler Vorgang ist, müssen wir aushalten und es immer wieder mit der Vernunft, der Geduld, auch dem Galgenhumor probieren.

Aus einem unveröffentlichten Brief vom August 1949

Gegen Dummheit hat der um einen Grad Klügere keine andere Waffe als den Humor.

Aus einem unveröffentlichten Brief vom Juli 1950

Von allen Humoren ist der unfreiwillige doch der lieblichste.

Die Welt im Buch, Bd. 1, S. 370

Etwas lieben können – welche Erlösung!

Von der Hingabe als Lebenssinn

Wir verlangen, das Leben müsse einen Sinn haben – aber es hat nur genau so viel Sinn, als wir selber ihm zu geben imstande sind. Weil der einzelne das nur unvollkommen vermag, hat man in den Religionen und Philosophien versucht, die Frage tröstend zu beantworten.

Diese Antworten laufen alle auf das Gleiche hinaus: den Sinn erhält das Leben einzig durch die Liebe. Das heißt: je mehr wir zu lieben und uns hinzugeben fähig sind, desto sinnvoller wird unser Leben.

Ausgewählte Briefe, S. 466

Unsere ganze Kunst ist bloß ein Ersatz, ein mühsamer und zehnmal zu teuer bezahlter Ersatz für versäumtes Leben, versäumte Tierheit, versäumte Liebe. Aber es ist doch nicht so. Man überschätzt das Sinnliche, wenn man das Geistige nur als Notersatz für fehlendes Sinnliches ansieht. Das Sinnliche ist um kein Haar mehr wert als der Geist, so wenig wie umgekehrt. Ob du ein Weib umarmst oder ein Gedicht machst, ist dasselbe.

Klingsors letzter Sommer, GW 5, S. 303

Spruch

So mußt du allen Dingen
Bruder und Schwester sein,
Daß sie dich ganz durchdringen,
Daß du nicht scheidest Mein und Dein.

Kein Stern, kein Laub soll fallen –
Du mußt mit ihm vergehn!
So wirst du auch mit allen
Allstündlich auferstehn.

Die Gedichte, S. 264

Es ist ein merkwürdiges, doch einfaches Geheimnis der Lebensweisheit aller Zeiten, daß jede kleinste selbstlose Hingabe, jede Teilnahme, jede Liebe uns reicher macht, während jede Bemühung um Besitz und Macht uns Kräfte raubt und ärmer werden läßt. Das haben die Inder gewußt und gelehrt, und dann die weisen Griechen, und dann Jesus, und seither noch Tausende von Weisen und Dichtern, deren Werke die Zeiten überdauern, während Reiche und Könige ihrer Zeit verschollen und vergangen sind. Ihr möget es mit Jesus halten oder mit Plato, mit Schiller oder mit Spinoza, überall ist das die letzte Weisheit, daß weder Macht, noch Besitz, noch Erkenntnis selig macht, sondern allein die Liebe. Jedes Selbstlossein, jeder Verzicht aus Liebe, jedes tätige Mitleid, jede Selbstentäußerung scheint ein Weggeben, ein Sichberauben, und ist doch ein Reicherwerden und Größerwerden, und ist doch der einzige Weg, der vorwärts und aufwärts führt.

Die Kunst des Müßiggangs, S. 80

Ein Lebensweg mag von gewissen Situationen aus noch so sehr determiniert scheinen, er trägt doch stets alle Lebens- und Wandlungsmöglichkeiten in sich, deren der Mensch selbst irgend fähig ist. Und die sind desto größer, je mehr Kindheit, Dankbarkeit und Liebefähigkeit wir haben.

Gesammelte Briefe, Bd. 1, S. 211

Die Welt zu durchschauen, sie zu verachten, mag großer Denker Sache sein. Mir aber liegt einzig daran, die

Welt lieben zu können, sie und mich und alle Wesen mit Liebe und Bewunderung und Ehrfurcht betrachten zu können.

Siddhartha, GW 5, S. 467

Einer, der sich für die naivsten Ideale der Welt hinzugeben bereit ist, ist mir viel lieber als jemand, der über alle Gesinnungen und Ideale klug zu reden versteht, aber für keines auch nur zum kleinsten Verzicht fähig wäre.

Gesammelte Briefe, Bd. 2, S. 244

Es fehlt nicht an Autoren, deren Verzweiflung an unserer Zeit und deren Angst vor dem Chaos echt ist. Es fehlt aber an solchen, deren Glaube und Liebe ausreicht, sich selber über dem Chaos zu halten.

Aus einem unveröffentlichten Brief vom Juni 1935

Die Welt und das Leben zu lieben, auch unter Qualen zu lieben, jedem Sonnenstrahl dankbar offenstehen und auch im Leid das Lächeln nicht ganz zu verlernen – diese Lehre jeder echten Dichtung veraltet nie und ist heute notwendiger und dankenswerter als je.

Die Welt im Buch, Bd. 3

Ich glaube nach wie vor an den Menschen, d. h. daran, daß er ebenso des Guten wie des Schlimmen fähig ist und daß er aus allen Verzerrungen der Rückkehr zur Vernunft und Güte fähig ist.

Aus einem unveröffentlichten Brief vom 22. 2. 1946

Liebe heißt jede Überlegenheit, jedes Verstehenkönnen, jedes Lächelnkönnen im Schmerz. Liebe zu uns selbst und unsrem Schicksal, herzliches Einverstandensein mit dem, was das Unerforschliche mit uns will und plant, auch wo wir es noch nicht übersehen und verstehen können – das ist unser Ziel.

Politische Betrachtungen, GW 10, S. 448

Letzten Endes muß alle Kunst, und namentlich die Dichtung, ihre Daseinsberechtigung daran erweisen, daß sie nicht nur Vergnügen macht, sondern auch direkt ins Leben wirkt, als Trost, als Klärung, als Mahnung, als Hilfe und Stärkung beim Bestehen des Lebens und beim Überwinden des Schweren.

Aus einem unveröffentlichten Brief vom 28. 3. 1961

Einsame Nacht

Die ihr meine Brüder seid,
Arme Menschen nah und ferne,
Die ihr im Bezirk der Sterne
Tröstung träumet eurem Leid,
Die ihr wortelos gefaltet
In die blaß gestirnte Nacht
Schmale Dulderhände haltet,
Die ihr leidet, die ihr wacht,
Arme, irrende Gemeinde,
Schiffer ohne Stern und Glück –
Fremde, dennoch mir Vereinte,
Gebt mir meinen Gruß zurück!

Die Gedichte, S. 186

Je älter ich wurde und je schaler die kleinen Befriedigungen mir schmeckten, die ich in meinem Leben fand, desto mehr wurde mir klar, wo ich die Quelle der Freuden und des Lebens suchen müsse. Ich erfuhr, daß Geliebtwerden nichts ist, Lieben aber alles, und mehr und mehr meinte ich zu sehen, daß das, was unser Dasein wertvoll und lustvoll macht, nichts anderes ist als unser Fühlen und Empfinden. Wo irgend ich etwas auf Erden sah, das man »Glück« nennen konnte, da bestand es aus Empfindungen. Geld war nichts, Macht war nichts. Man sah viele, die beides hatten und elend waren. Schönheit war nichts, man sah schöne Männer und Weiber, die bei aller Schönheit elend waren. Auch die Gesundheit wog nicht schwer; jeder war so gesund als er sich fühlte, mancher Kranke blühte bis kurz vor dem Ende vor Lebenslust, und mancher Gesunde welkte angstvoll in Furcht vor Leiden hin. Glück aber war überall da, wo ein Mensch starke Gefühle hatte und ihnen lebte, sie nicht vertrieb und vergewaltigte, sondern pflegte und genoß. Schönheit beglückte nicht den, der sie besaß, sondern den, der sie lieben und anbeten konnte.

Es gab vielerlei Gefühle, scheinbar, aber im Grunde waren sie eins. Man kann alles Gefühl Willen nennen, oder wie immer. Ich nenne es Liebe. Glück ist Liebe, nichts anderes. Wer lieben kann, ist glücklich. Jede Bewegung unsrer Seele, in der sie sich selber empfindet und ihr Leben spürt, ist Liebe. Glücklich ist also der, der viel zu lieben vermag. Lieben aber und Begehren ist nicht ganz dasselbe. Liebe ist weise gewordene Begierde; Liebe will nicht haben; sie will nur lieben.

Kleine Freuden, S. 132f.

Mag jeder sich sein eigenes Bild von der Welterlösung machen, wichtig und bedeutsam für jeden ist vor allem der Gedanke der Erlösung durch Liebe. Es rufen und mahnen uns dazu alle Stimmen der großen Denker, Dichter und Künstler, und der tiefe Wert all dieser Stimmen liegt einzig darin, daß sie eine Wirklichkeit, einen Weg, eine Möglichkeit verkünden, die in jedes Menschen Brust lebendig vorhanden ist.

Kleine Freuden, S. 116

Das Heimweh nach Liebe und Hingabe ist unsere einzige Erlösungsquelle.

Aus einem unveröffentlichten Brief vom 13. 3. 1924

Fühle mit allem Leid der Welt, aber richte deine Kräfte nicht dorthin, wo du machtlos bist, sondern zum Nächsten, dem du helfen, den du lieben und erfreuen kannst.

Ausgewählte Briefe, S. 472

Mit der Liebe ist es geradeso wie mit der Kunst: wer das Größte ein klein wenig zu lieben vermag, der ist ärmer und geringer, als wer am Kleinsten aufglühen kann.

Schriften zur Literatur, GW 11, S. 207f.

Wenn wir einen Menschen glücklicher und heiterer machen können, so sollten wir es in jedem Fall tun.

Das Glasperlenspiel, GW 9, S. 344

Gewonnen hat immer der, der lieben, dulden und verzeihen kann, nicht der, der besser weiß und aburteilt.

Gesammelte Briefe, Bd. 2, S. 336

Die Liebe erleidet man, aber je hingegebener man sie leidet, desto stärker macht sie uns.

Gesammelte Briefe, Bd. 2, S. 354

Ohne Liebe zu sich selbst ist auch die Nächstenliebe unmöglich. Der Selbsthaß ist genau dasselbe und erzeugt am Ende dieselbe grausige Isoliertheit und Verzweiflung wie der grelle Egoismus.

Der Steppenwolf, GW 7, S. 192

Man kann alles auf der Welt nachahmen und fälschen, nur die Liebe nicht: Liebe kann man nicht stehlen, nicht nachahmen, sie wohnt nur in dem Herzen, das sich ganz zu geben weiß. Das ist die Quelle jeder Kunst.

Welt im Buch, Bd. 2, S. 473

Kein kostbarstes Kleinod ist so unanfechtbar schön, daß ihm nicht Gewöhnung und Lieblosigkeit den Glanz des Wertvollen rauben könnte; darum erscheint es mir eine erstrebenswerte Kunst: die Andacht und Liebe, die wir gern den fernstehenden und entrückten Schönheiten gönnen, auch den nahen und gewohnten zu schenken.

Betrachtungen, GW 10, S. 11f.

Liebe muß nicht bitten, auch nicht fordern. Liebe muß die Kraft haben, in sich selbst zur Gewißheit zu kommen. Dann wird sie nicht mehr gezogen, sondern zieht.

Demian, GW 5, S. 147

Je weniger ich an unsere Zeit glauben kann, je mehr ich das Menschentum verkommen und verdorren zu sehen meine, desto weniger stelle ich diesem Verfall die Revolution entgegen, und desto mehr glaube ich an die Magie der Liebe.

Gesammelte Briefe, Bd. 2, S. 366

Weich ist stärker als hart, Wasser stärker als Fels, Liebe stärker als Gewalt.

Siddhartha, GW 5, S. 445f.

Phantasie und Einfühlungsvermögen sind nichts anderes als Formen der Liebe.

Gesammelte Briefe, Bd. 4, S. 227

Das Böse entsteht immer da, wo die Liebe nicht ausreicht.

Gesammelte Briefe, Bd. 3, S. 182

Besser ist es, Unrecht leiden als Unrecht tun. Falsch ist es, mit verbotenen Mitteln des Erwünschte verwirklichen zu wollen. Das sind Torheiten für die Generäle, und die Staatsmänner lachen darüber, doch sind es alte und bewährte Wahrheiten.

Ausgewählte Briefe, S. 356

Ich halte das Anwenden von Gewalt unter allen Umständen für verboten, auch wenn es im Interesse des ›Guten‹ geschieht.

Gesammelte Briefe, Bd. 1, S. 411

Das ›Du sollst nicht töten!‹ ist nicht das starre Gebot eines lehrhaften ›Altruismus‹. Altruismus ist etwas, was in der Natur nicht vorkommt. Und ›Du sollst nicht töten!‹ heißt nicht: du sollst dem andern nicht wehtun! Es heißt: du sollst dich selbst des andern nicht berauben, du sollst dich selbst nicht schädigen! Der andere ist ja kein Fremder, ist ja nichts Fernes, Beziehungsloses, für sich Lebendes. Alles auf der Welt, alle die tausend ›anderen‹ sind ja für mich nur da, insofern ich sie sehe, sie fühle, Beziehungen zu ihnen habe. Aus Beziehungen zwischen mir und der Welt, den ›anderen‹, besteht ja einzig mein Leben.

Politische Betrachtungen, GW 10, S. 436

Person und Programm sind nicht dasselbe. Man kann an Gegnern ja an erklärten Feinden mehr Freude haben und mehr Gutes lernen als an Gesinnungsgenossen, die es nur mit dem Verstand, nur mit dem Worte sind.

Ausgewählte Briefe, S. 67

Der Grund aller Weisheit ist: Glück kommt nur durch Liebe. Sage ich nun »Liebe deinen Nächsten!« so ist das schon eine verfälschte Lehre. Es wäre vielleicht viel richtiger zu sagen: »Liebe dich selbst so wie deinen Nächsten!« Und es war vielleicht der Urfehler, daß man immer beim Nächsten anfangen wollte...

Kleine Freuden, S. 133

Es zeigt sich, daß Lieben und Kennen nahezu dasselbe sind, daß man den Menschen, den man am meisten liebt, auch am besten kennt.

Schriften zur Literatur, GW 11, S. 311

Jenseits der Gegensätze

Betrachtung und Versenkung

Die Scheidung von Außen und Innen ist unserm Denken gewohnt, ist ihm aber nicht notwendig. Es gibt die Möglichkeit für unseren Geist, sich hinter die Grenze zurückzuziehen, die wir ihm gezogen haben, ins Jenseits. Jenseits der Gegensatzpaare, aus denen unsere Welt besteht, fangen neue, andere Erkenntnisse an.

Fabulierbuch, GW 4, S. 378

Im Augenblick, da das Wollen ruht und die Betrachtung aufkommt, das reine Sehen und Hingegebensein, wird alles anders. – Denn Betrachtung ist ja nicht Forschung oder Kritik, sie ist nichts als Liebe. Sie ist der höchste und wünschenswerteste Zustand unserer Seele: begierdelose Liebe. – Dann sehen die Menschen anders aus als sonst. – Schön und häßlich, alt und jung, gütig und böse, offen und verschlossen, hart und weich sind keine Gegensätze, sind keine Maßstäbe mehr. Alle sind schön, alle sind merkwürdig, keiner mehr kann verachtet, kann gehaßt, kann mißverstanden werden.

Betrachtungen, GW 10, S. 33

Für mich ist erster Glaubenssatz die Einheit hinter und über den Gegensätzen. Natürlich leugne ich nicht die Möglichkeit, solche Schemata aufzustellen, wie ›aktiv‹ und ›kontemplativ‹, und leugne nicht, daß es nützlich sein kann, die Menschen aufgrund solcher Typenlehren zu beurteilen. Es gibt Aktive und es gibt Kontemplative.

Aber dahinter steht die Einheit, und wirklich lebendig und im günstigen Fall vorbildlich ist für mich nur der, der beide Gegensätze in sich hat. Ich habe nichts gegen den rastlosen Arbeiter und Schaffer und habe auch nichts gegen den nabelbeschauenden Einsiedler, aber interessant oder vorbildlich kann ich beide nicht finden. Der Mensch, den ich suche und erwünsche, ist der, der sowohl der Gemeinschaft wie des Alleinseins, sowohl der Tat wie der Versenkung fähig ist. Und wenn ich in meinen Schriften, wie es scheint, dem beschaulichen Leben den Vorzug vor dem tätigen gebe, so ist es vermutlich deswegen, weil ich unsre Welt und Zeit voll aktiven, tüchtigen, rührigen, der Kontemplation aber unfähigen Menschen sehe.

Ausgewählte Briefe, S. 433

Sammle dich und kehre ein,
Lerne schauen, lerne lesen!
Sammle dich – und Welt wird Schein.
Sammle dich – und Schein wird Wesen.

Die Gedichte, S. 721

Gefühle und Phantasien haben das an sich, daß sie bis zu einer gewissen Steigerung an Macht und Schönheit und Wert gewinnen, darüber hinaus aber wieder flau und faul werden – dann ist es Zeit, andere Phantasien, andere Empfindungsreihen aufsteigen zu lassen.

Kleine Freuden, S. 171

Ich habe das Unglück, daß ich mir selber stets widerspreche. Die Wirklichkeit tut das immer, bloß der Geist tut es nicht und die Tugend nicht. Zum Beispiel nach einem scharfen Marsch im Sommer kann ich vom Verlangen nach einem Becher voll Wasser völlig besessen sein und Wasser für das wunderbarste Ding in der Welt erklären. Eine Viertelstunde später, wenn ich getrunken habe, ist nichts auf Erden mir so uninteressant wie Wasser und Trinken. Ebenso halte ich es mit dem Essen, mit dem Schlafen, mit dem Denken. Mein Verhältnis zum sogenannten ›Geist‹ zum Beispiel ist genau dasselbe wie das zum Essen oder Trinken. Manchmal gibt es nichts in der Welt, was mich so heftig anzieht und mir so unentbehrlich scheint wie der Geist, wie die Möglichkeit der Abstraktion, der Logik, der Idee. Dann wieder, wenn ich davon satt bin und das Gegenteil brauche und begehre, ekelt aller Geist mich an wie verdorbenes Essen. Ich weiß aus Erfahrung, daß dies Verhalten für willkürlich und charakterlos, ja für unerlaubt gilt, doch habe ich nie verstehen können, warum? Denn ebenso wie ich zwischen Essen und Fasten, Schlafen und Wachen beständig abwechseln muß, muß ich auch zwischen Natürlichkeit und Geistigkeit, zwischen Erfahrung und Platonismus, zwischen Ordnung und Revolution, zwischen Katholizismus und Reformationsgeist beständig hin und her pendeln. Daß ein Mensch sein Leben lang immer und immer den Geist verehren und die Natur verachten kann, immer Revolutionär und niemals Konservativer sein kann oder umgekehrt, das scheint mir zwar sehr tugendhaft, charaktervoll und standhaft, aber es scheint mir auch ebenso fatal, widerlich und verrückt, als wenn einer immerdar essen oder immerdar nur schlafen wollte. Und doch beruhen alle Parteien, politische und geistige, religiöse und wissenschaftliche, auf der Voraussetzung, ein so verrücktes Verhalten sei möglich, sei natürlich.

Kurgast, GW 7, S. 97f.

Ich möchte einen Ausdruck finden für die Zweiheit, ich möchte Kapitel und Sätze schreiben, wo beständig Melodie und Gegenmelodie gleichzeitig sichtbar wären, wo jeder Buntheit die Einheit, jedem Scherz der Ernst beständig zur Seite steht. Denn einzig darin besteht für mich das Leben, im Fluktuieren zwischen zwei Polen, im Hin und Her zwischen den beiden Grundpfeilern der Welt. Beständig möchte ich mit Entzücken auf die selige Buntheit der Welt hinweisen und ebenso beständig daran erinnern, daß dieser Buntheit eine Einheit zugrunde liegt.

Kurgast, GW 7, S. 111

Ich habe den hartnäckigen Glauben, daß kein Ding und kein Mensch in der Welt vergebens da ist, daß auch das scheinbar Üble andere, wertvolle Seiten hat.

Die Welt im Buch, Bd. 1, S. 348

Sie sagen, das Suchen nach dem Ich sei weniger wichtig als das Finden des rechten Verhältnisses zu den andern. Aber dies ist gar nicht zweierlei. Wer jenes echte Ich sucht, der sucht zugleich die Norm alles Lebens, denn dies innerste Ich ist bei allen Menschen gleich. Es ist Gott, es ist der ›Sinn‹. Darum sagt der Brahmane zu jedem fremden Wesen ›tat twam asi‹ = das bist du! Er weiß, daß er keinem andern Wesen schaden kann, ohne sich selbst zu schaden, und daß Egoismus keinen Sinn hat.

Gesammelte Briefe, Bd. 1, S. 445

Unser subjektives, empirisches, individuelles Ich, wenn wir es ein wenig beobachten, zeigt sich als sehr wechselnd, launisch, sehr abhängig von außen, Einflüssen sehr ausgesetzt... Dann ist aber das andere Ich da, im ersten Ich verborgen, mit ihm vermischt, keineswegs aber mit ihm zu verwechseln. Dies zweite, hohe, heilige Ich (der Atman der Inder, den sie dem Brahma gleichstellen) ist nicht persönlich, sondern ist unser Anteil an Gott, am Leben, am Ganzen, am Un- und Überpersönlichen. Diesem Ich nachzugehen und zu folgen, lohnt sich schon eher. Nur ist es schwer, dies ewige Ich ist still und geduldig, während das andere Ich so vorlaut und ungeduldig ist.

Ausgewählte Briefe, S. 203

Jeder Mensch ist Mittelpunkt der Welt.

Gedenkblätter, GW 10, S. 200

Wir müssen und sollen zwar unseren Verstand gebrauchen und üben, aber nicht allein auf ihn hören. Die einfachen, gesunden Menschen, das ›Volk‹, werden mit dem Leben und seinen Abgründen dadurch fertig, daß sie sich in den Aufgaben und Freuden des Tags und der Stunde ausleben. Die Geistigen, die mit dem Zwang zum Denken, können in diese Unschuld nicht heimkehren. Sie brauchen ein Gegengewicht gegen die Intelligenz und ihre Eitelkeit, und dieses Gegenmittel ist die Befreundung mit der Natur. Die meisten ›Gebildeten‹ benützen dazu, soweit sie nicht selbst Künstler sind, die Kunst, sie finden im Betätigen und Genießen von Malerei, Musik, Dichtung die Verbindung mit den Urkräften. Wem dies nicht genügt, der bedarf der Meditation, der Betrachtung und Versenkung. Der Weg dazu ist Yoga. Es gibt tausend Bücher darüber, die ich nicht gelesen habe, und es gibt z. B. in Nordamerika auch Yogaschulen, zum Teil mit indischen Lehrern. Auch sie kenne ich nur vom Hörensagen. Was ich zu gewissen Zeiten meines Lebens an Meditation nötig hatte, habe ich mir selbst erfunden, es ist nicht lehrbar und mitteilbar.

Ausgewählte Briefe, S. 421

Je mehr wir von uns verlangen oder je mehr unsere jeweilige Aufgabe von uns verlangt, desto mehr sind wir auf die Kraftquelle der Meditation angewiesen, auf die immer erneute Versöhnung von Geist und Seele ... Die wirklich großen Männer der Weltgeschichte haben alle entweder zu meditieren verstanden oder doch unbewußt den Weg dorthin gekannt, wohin Meditation uns führt. Die andern, auch die begabtesten und kräftigsten, sind alle am Ende gescheitert und unterlegen, weil ihre Aufgabe, oder ihr ehrgeiziger Traum, so von ihnen Besitz ergriff, sie so besaß und zu Besessenen machte, daß sie die Fähigkeit verloren, sich immer wieder vom Aktuellen zu lösen und zu distanzieren.

Das Glasperlenspiel, GW 9, S. 108

Die geistigen Übungen, Meditationen führen in allmählichen Stufen zum Ziel der Erkenntnis. Diese beruht darin, daß das Ich sich als eine Täuschung erweist, dann tritt anstelle des Ich-Bewußtseins das Allbewußtsein, die erlöste Seele kehrt aus Vereinzelung und Irrung ins All (Nirwana) zurück.

Materialien zu Hesses Siddhartha, Bd. 1, S. 155

In Indien glaubt niemand daran, daß Meditation ohne Guru, ohne persönlichen Lehrer, erlernbar sei. Vermutlich glaubt auch niemand dort, daß jemals ein Abendländer über die untersten Stufen des Yoga hinauskommen werde. Aber das hindert nicht, daß wir uns wenigstens um diese untersten Stufen bemühen können. –

Ich selbst habe weder einen Guru gehabt noch bin ich auf höhere Stufen gelangt. Aber die eine Erfahrung habe ich machen können, daß die größte äußere Mithilfe zur Erreichung eines Zustandes von Konzentration und innerer Ruhe in der Tat in den Atemübungen besteht, über die sich das Abendland ebenso lustig gemacht hat wie über das Nabelbeschauen. Machen Sie Atemübungen, wie jeder bessere Heilgymnastiker sie kennt, und achten Sie darauf, daß Sie wohl das Ausatmen, aber niemals das Einatmen forcieren dürfen, Sie schaden sich sonst. Das Wesentliche bei den Atemübungen ist, daß man dabei auf gar nichts als auf ein möglichst vollkommenes Tiefatmen achtet, daß man sich auf diese eine Funktion konzentriert. Es hilft viel. Es hilft Distanz gewinnen vom Aktuellen, es bereitet vor zur Ruhe, zur Sammlung. Und wenn Sie diese Übungen im Atmen schon mit der Vorstellung verbinden, ihnen schon eine Art geistiger Bedeutung, einen Inhalt geben wollen, so stellen Sie sich vor, Sie atmen nicht Luft ein, sondern Brahman, Sie lassen mit jedem Atemzug das Göttliche in sich ein und entlassen es wieder, es wird Ihnen auch der »Westöstliche Divan« dabei einfallen.

Mögen Sie nun mit Ihren Übungen weit oder nicht weit kommen, so werden Sie doch, wenn Sie es ernst meinen, sich dabei einer Seelenstimmung nähern, die wir Abendländer sonst nur noch im religiösen Gebet oder bei der Hingabe an das Schöne zu erleben fähig sind. Sie werden nicht mehr nur Luft atmen, sondern das All, sondern Gott, und werden nicht auf intellektuellem, sondern auf leiblichem und unschuldigem Wege etwas von der Freiheit, Seligkeit und Frömmigkeit der Hingabe und Willensentspannung erleben.

Ausgewählte Briefe, S. 300 f.

Zwischen Nachsinnen und Meditation sehe ich den Unterschied, daß Nachsinnen etwas Aktives ist, Meditation aber in einem passiven Zustand, in einem wartenden Offenstehen ihren Grund hat. Sie erfordert ein Neutralisieren des Persönlichen, eine möglichst große

Unabhängigkeit von den körperlichen Funktionen. Die beste Vorbereitung dazu sind Atemübungen, die jedoch nicht in einem Überanstrengen der Atemorgane bestehen dürfen, sondern hauptsächlich darin, daß der Übende einfach seine Aufmerksamkeit ganz auf den Vorgang des Atmens richtet, bewußt und sorgfältig ein- und ausatmend, das Einatmen mit dem Bauch beginnend, aber nie forcierend. Wenn man eine Weile so geatmet hat, kann man auch sich der Vorstellung hingeben, daß man im Einatmen die Welt in sich aufnimmt, beim Ausatmen sie wieder entläßt, daß man in diesem Ein und Aus teilhat am göttlichen All. Man erreicht damit eine Entspannung und Lockerung, eine Art von Entpersönlichung, man wird zum Objekt, zum Gefäß für das Aus- und Einströmende. All das ist nicht Meditation, aber es ist ihre Vorbereitung.

Welche Gegenstände meditierbar seien und welche nicht, kann ich nicht sagen. Die meisten Menschen bleiben beim Meditieren innerhalb des Sichtbaren, der Bilderwelt. Aber man kann auch etwa einen musikalischen Vorgang meditieren.

Ausgewählte Briefe, S. 253

Weg nach innen

Wer den Weg nach innen fand,
Wer in glühndem Sichversenken
Je der Weisheit Kern geahnt,
Daß sein Sinn sich Gott und Welt
Nur als Bild und Gleichnis wähle:
Ihm wird jedes Tun und Denken
Zwiegespräch mit seiner eignen Seele,
Welche Welt und Gott enthält.

Die Gedichte, S. 433

Ursachen erkennen, das eben ist Denken, und dadurch allein werden Empfindungen zu Erkenntnissen und gehen nicht verloren, sondern werden wesenhaft und beginnen auszustrahlen.

Siddhartha, GW 5, S. 383

Was Sie über den Verstand sagen und gegen den Verstand haben, ist schon recht, aber ich glaube doch, der Verstand am rechten Ort sei eine ganz gute Sache. Und wenn man für Gebiete des Lebens, auf denen der Verstand ein guter Führer ist, unbedingt den Instinkt oder die Intuition bemühen will, so wird es meist schiefgehen, ebenso wie umgekehrt. Man muß nur dem Verstand nicht Totalitätsansprüche zugestehen und ihn mit dem Geist gleichsetzen.

Gesammelte Briefe, Bd. 3, S. 124

Die Würde des Menschen steht und fällt damit, daß er sich Ziele im Unerreichbaren setzen kann, wie seine Tragik darin liegt, daß er den Weltlauf und die Praktiken der Welt gegen sich hat.

Ausgewählte Briefe, S. 416

Wir Dichter haben, unter andrem, die Aufgabe, das von den Menschen unserer Zeit Erlittene auszusprechen, und das können wir nur, wenn wir es nicht vom Hörensagen, sondern aus eigenem Erleiden kennen. Ob das Aussprechen nun auf pathetische oder sentimentale, auf klagende oder auf witzige oder auf anklägerische Art geschieht, es ist auf jeden Fall notwendig und muß der Menschheit auf ihren unbeholfenen Kinderschritten der Entwicklung ein wenig helfen. Die heutige Größe des Leides gibt uns eine Solidarität, die alle Völker und alle Arten von Dasein und Leiden umfaßt. Das Unerträgliche muß zu Wort kommen, um vielleicht überstanden zu werden.

Ausgewählte Briefe, S. 245

Wir haben seit einer guten Weile fast alles vergessen, was die großen Lehrer der Menschheit gefunden und gelehrt haben. Sie lehren ja alle das gleiche, seit Jahrtausenden, und jeder Theologe oder auch jeder humanistisch Gebildete könnte es uns mit klaren Worten sagen, einerlei, ob er mehr zu Sokrates oder zu Lao Tse, mehr zu dem leidlos lächelnden Buddha, oder zu dem Heiland mit der Dornenkrone neigt. Sie alle und überhaupt jeder Wissende, jeder Erweckte und Erleuchtete, jeder wahre Kenner und Lehrer des Menschentums haben das gleiche gelehrt, nämlich daß der Mensch sich nicht Größe noch Glück, nicht Heldentum noch süßen Frieden, daß er sich überhaupt nichts wünschen soll, nichts als einen reinen, wachsamen Sinn, ein tapferes Herz und die Treue und Klugheit der Geduld, um damit so Glück wie Leiden, so Lärm wie Stille zu ertragen.

Politische Betrachtungen, GW 10, S. 541 f.

Der Mensch, so wie ihn Gott gedacht und wie die Dichtung und Weisheit der Völker ihn manche tausend Jahre lang verstanden hat, ist geschaffen mit einer Fähigkeit, sich zu freuen an Dingen, auch wenn sie ihm nichts nützen, mit einem Organ für das Schöne. An der Freude des Menschen am Schönen haben stets Geist und Sinne in gleichem Maße teil, und solange Menschen fähig sind, sich mitten in den Drangsalen und Gefährdungen ihres Lebens solcher Dinge zu freuen: eines Farbenspiels in der Natur oder im gemalten Bilde, eines Anrufes in den Stimmen der Stürme und des Meeres oder einer von Menschen gemachten Musik, solange ihnen hinter der Oberfläche der Interessen und Nöte die Welt als Ganzes sichtbar oder fühlbar werden kann, worin vom Kopfdrehen einer spielenden jungen Katze bis zum Variationenspiel einer Sonate, vom rührenden Blick eines Hundes bis zur Tragödie eines Dichters ein Zusammenhang, ein tausendfältiger Reichtum an Beziehungen, Entsprechungen, Analogien und Spiegelungen besteht, aus deren ewig fließender Sprache den Hörern Freude und Weisheit, Spaß und Rührung zuteil wird – solange wird der Mensch seiner Fragwürdigkeiten immer wieder Herr werden und seinem Dasein immer wieder Sinn zuschreiben können, denn der ›Sinn‹ ist ja eben jene Einheit des Vielfältigen, oder doch jene Fähigkeit des Geistes, den Wirrwarr der Welt als Einheit und Harmonie zu ahnen.

Späte Prosa, GW 8, S. 480

Der Blütenzweig

Immer hin und wider
Strebt der Blütenzweig im Winde,
Immer auf und nieder
Strebt mein Herz gleich einem Kinde
Zwischen hellen, dunklen Tagen,
Zwischen Wollen und Entsagen.

Bis die Blüten sind verweht
Und der Zweig in Früchten steht,
Bis das Herz, der Kindheit satt,
Seine Ruhe hat
Und bekennt: voll Lust und nicht vergebens
War das unruhvolle Spiel des Lebens.

Die Gedichte, S. 332

Man gibt sich viel Mühe mit dem Studium dessen, was die Menschen, Völker und Zeiten voneinander trennt. Achten wir je und je auch wieder auf das, was alle Menschen verbindet!

Die Welt im Buch, Bd. 2, S. 475

Das psychologisch wichtigste Ergebnis aller ›Folklore‹ ist die Gleichheit der Struktur der menschlichen Seele über die ganze Erde hinweg. Aber wenn die Erkenntnis und Bestätigung dieser Gleichheit – das Wissen um das tatsächliche Vorhandensein einer ›Menschheit‹ nicht nur als Utopie – schön und zukunftsreich ist, so ist es dennoch höchst erfreulich und reizend, ja beglückend, die verschiedenen Trachten, Gebärden und Mundarten dieser selben Seele zu belauschen.

Die Welt im Buch, Bd. 3

Der Mensch, so glaube ich, ist großer Erhebungen und großer Schweinereien fähig, er kann zum Halbgott steigen und zum Halbteufel sinken; aber er fällt, wenn er etwas recht Großes oder recht Säuisches getan hat, immer wieder auf seine Füße und auf sein Maß zurück, und dem Pendelschlag der Wildheit und Dämonie folgt unweigerlich der Rückschlag, folgt die dem Menschen unentrinnbar eingeborene Sehnsucht nach Maß und Ordnung.

Ausgewählte Briefe, S. 189

Alle Weisen und großen Lehrer, auch Jesus und Buddha, hatten zum Grunde ihrer Lehren das Wissen um die Einheit des Lebens und um die Vergänglichkeit und Wandelbarkeit der Masken, unter welchen das Leben sich uns zeigt. Alle wußten, was die Theologen nicht wissen dürfen: daß der Mörder und Wüstling von heute der Heilige von morgen sein kann und der Edle und Priester zum Schädling und Gift werden kann. Goethes Mephisto sagt, er gehöre zu der Kraft, die stets das Böse will und stets das Gute schafft. Es gibt auch das Gegenteil. Es gibt Unzählige, welche stets das Gute wollen und fast immer Böses tun, dem Leben Gewalt antun, die vielfältige Welt verarmen.

Gesammelte Briefe, Bd. 2, S. 9

Es haben schon Unwürdige viel Gutes gestiftet, und Heilige haben schon viel Jammer in die Welt gebracht.

Gesammelte Erzählungen, Bd. 3, S. 77

Geduld ist das Schwerste und das Einzige, was zu lernen sich lohnt. Alle Natur, alles Wachstum, aller Friede, alles Gedeihen und Schöne in der Welt beruht auf Geduld, braucht Zeit, braucht Stille, braucht Vertrauen, braucht den Glauben an langfristige Vorgänge von viel längerer Dauer, als ein einzelnes Leben dauert, die keiner Einsicht eines Einzelnen ganz zugänglich und in ihrer Gänze nur von Völkern und Zeitaltern, nicht von Personen erlebbar sind.

Lektüre für Minuten, S. 110

Manchmal

Manchmal, wenn ein Vogel ruft
Oder ein Wind geht in den Zweigen
Oder ein Hund bellt im fernsten Gehöft,
Dann muß ich lange lauschen und schweigen.

Meine Seele flieht zurück,
Bis wo vor tausend vergessenen Jahren
Der Vogel und der wehende Wind
Mir ähnlich und meine Brüder waren.

Meine Seele wird ein Baum
Und ein Tier und ein Wolkenweben.
Verwandelt und fremd kehrt sie zurück
Und fragt mich. Wie soll ich Antwort geben?

Die Gedichte, S. 231

Die Verzweiflung schickt uns Gott nicht, um uns zu töten, er schickt sie, um neues Leben in uns zu erwecken.

Das Glasperlenspiel, GW 9, S. 569

Das Chaos will anerkannt, will erlebt sein, ehe es sich in neue Ordnung bringen läßt.

Schriften zur Literatur, GW 12, S. 213

Die Dummheiten von heute gehen rasch unter, das Gute und Geleistete bleibt.

Aus einem unveröffentlichten Brief vom 8. 12. 1915

Ich bin des Glaubens, daß wir nicht ins Nichts gehen, ebenso wie ich des Glaubens bin, daß unsere Arbeit und Sorge um das, was uns das Gute und Rechte schien, nicht vergebens war. Aber in welchen Formen das Ganze uns Teile belebt und immer wieder festhält, darüber kann ich wohl zuweilen phantasieren, aber nicht eine dogmatisch festgelegte Meinung annehmen. Glauben ist Vertrauen, nicht Wissenwollen.

Ausgewählte Briefe, S. 170

Unser Leben ist kurz, und bald werden wir auf der anderen Seite sein, und wenn wir auch über dies Jenseits nichts »wissen«, so haben wir doch die Erfahrung gemacht, daß ein Toter uns vielmal lebendiger, lieber und näher sein kann als alle Lebenden um uns her und darin ist die natürliche Herzensbeziehung zum Drüben wohl begründet.

Aus einem unveröffentlichten Brief vom 17. 5. 1947

Der Gestorbene ist nicht zufällig, nicht sinnlos, nicht grausam und böse weggerissen worden, sondern die Aufgabe seines Lebens war zu Ende, und er ist weggegangen, um in neuer Gestalt wieder zu kommen und weiter zu wirken. »Seine Aufgabe war zu Ende« heißt natürlich nicht, daß er nicht noch viele Jahre hätte Wertvolles leisten können, oder daß er ersetzbar wäre. Aber für ihn selber, für den innersten Sinn seines Lebens, war das Ziel erreicht, er war reif, und wenn er auch ungern starb, weiß er das heute doch, und von dem, was er war, ist nichts verloren und zerstoben. So ist mein Glaube. Es gibt keinen Tod. Jedes Leben ist ewig, jeder Mensch kehrt wieder. Es gibt in jedem Menschen ein innerstes Ich, das kein Tod zerstört... Ich glaube nicht an ein persönliches Wiedersehen, oder an einen Verkehr mit »Geistern«. Aber ich glaube in aller Überzeugung an die Gemeinsamkeit des Zieles für alle Menschen, und an unsre Verbundenheit in Geist und Tat mit denen, die uns verlassen haben. Nicht im Tod, nur im Leben finden wir das wieder, was an den Toten ewig und unsterblich ist.

Aus einem unveröffentlichten Brief vom 30. 12. 1920

Über dem Elend, von dem der Tod uns befreien wird, besteht die Welt der ewigen Gesetze und Werte fort, und in jedem Augenblick, in dem wir uns innerlich genügend lösen und reinigen, können wir diesen göttlichen Äther einatmen und an ihm teilhaben.

Aus einem unveröffentlichten Brief vom November 1946

Jede Erscheinung auf Erden ist ein Gleichnis, und jedes Gleichnis ist ein offenes Tor, durch welches die Seele, wenn sie bereit ist, in das Innere der Welt zu gehen vermag, wo du und ich und Tag und Nacht alles eines sind. Jedem Menschen tritt hier und dort in seinem Leben das geöffnete Tor in den Weg, jeden fliegt irgendeinmal der Gedanke an, daß alles Sichtbare ein Gleichnis sei, und daß hinter dem Gleichnis der Geist und das ewige Leben wohne. Wenige freilich gehen durch das Tor und geben den schönen Schein dahin für die geahnte Wirklichkeit des Innern.

Märchen, GW 6, S. 113

Nachwort

Es gibt wenige Autoren, deren Schriften sich so sehr zur Regeneration von den Zumutungen des Alltags eignen wie diejenigen Hermann Hesses. Die Kontemplation, die der Verfasser von Betrachtungen wie »Die Kunst des Müßiggangs«, »Kleine Freuden«, »Am Weg«, »Stunden im Garten«, »Nächtliche Spiele« oder »Der innere Reichtum« unserer Hektik und Reizüberflutung entgegensetzt, orientiert sich an den organischen Kraftquellen der Natur und den ästhetischen Gegenwelten der Kultur, die er zu aktualisieren und zu vermitteln versteht wie kaum ein anderer Dichter unseres Jahrhunderts. Mit musikalischer Sprachkraft und einem wahlverwandten Verhältnis zu den alternativen Lebenshaltungen Asiens weckt er in uns verschüttete Reserven und macht seinen Lesern Mut, jeden neuen Tag wie ein Abenteuer mit Neugier und Zuversicht zu beginnen.

Wer auch nur eines der (leider wenigen) Tondokumente kennt, die von Hermann Hesse überliefert sind, dem würde es nie einfallen, diesen Dichter mit dem Modebegriff Streß in Verbindung zu bringen. Die bedächtige Gelassenheit und spröde Wärme seiner Vortragsweise ist das Gegenteil von gehetzt, zerstreut oder auf Effekt bedacht; sie hat etwas wohltuend Retardierendes. Beim Hören dieser tiefen, von alemannischer Mundart gefärbten Stimme verflüchtigt sich plötzlich alles Unausgegorene und Überstürzte, und mit gütiger

Vernunft fühlen wir uns erinnert an die Proportionen des organischen Lebens, in deren Kraftfeld sich unmerklich wieder ordnet, was aus dem Gleichgewicht geraten ist. Es ist die Stimme eines alten Menschen. Denn aus den Jahrzehnten vor seinem 70. Lebensjahr mit ihren oft heftigen persönlichen und zeitgeschichtlichen Turbulenzen existieren keine Tondokumente von ihm.

So beschwerlich und verschlungen der Weg jedesmal war, bis Hesse zu seiner geklärten Sicht der Dinge fand, das Wort Streß hätte er – selbst wenn es zu seinen Lebzeiten schon gebräuchlich gewesen wäre – wohl nie benutzt. Es kommt aus dem Englischen, wo es zunächst im physikalischen, dann im medizinischen Bereich Kraftproben durch äußere oder innere Belastungen bezeichnet, die das Normalmaß überschreiten. Doch was ist »normal«? Die Reserven des Organismus, solche Spannungen auszuhalten, sind je nach Schicksal und Konstitution sehr unterschiedlich. Tiere und Menschen reagieren auf Streß mit einem Anstieg des Blutdrucks und der Körpertemperatur. Extreme Überforderung kann zu Gewichtsverlust, Magengeschwüren, Herzinfarkten und einer Behinderung der Wachstums- und Fortpflanzungsfähigkeit führen, Erkrankungen, die es immer schon gab, die aber im Verlauf der technologischen Beschleunigung und des verschärften Wettbewerbs bedrohlich zugenommen haben.

Hermann Hesse hat diese Zivilisationskrankheit sehr wohl gekannt. Im Ersten Weltkrieg, als er von 1915 bis 1919 in Bern eine Zentrale für Deutsche Kriegsgefangenenfürsorge aufbaute und über all den damit verbundenen praktischen und organisatorischen Aufgaben fast ganz auf die ihm lebensnotwendige Gegensteuerung durch seine dichterische Arbeit verzichten mußte, reagierte sein Organismus neben einem erheblichen Gewichtsverlust auf 52 Kilo mit nahezu allen den oben genannten Symptomen. Erst als eine Psychoanalyse die jahrelang blockierten Selbstheilungskräfte der künstlerischen Produktion (mit Hilfe des ihm zuvor ungewohnten Ausdrucksmittels der Malerei) wieder in Gang gebracht hatte und Hesse den fremdbestimmten Druck von außen mit einem selbstbestimmten Gegendruck beantworten konnte, gelang es ihm allmählich, wieder ins Lot zu kommen und die Krise zu überwinden. Es war nicht die letzte. Auch in den Jahrzehnten danach bis 1946 war der Dichter noch vielen Zerreißproben ausgesetzt.

Denn wer auf die Herausforderungen der Zeitgeschichte gewissenhaft reagiert und gegen die »Infamitäten des Lebens« keine Hornhaut zu entwickeln vermag, lebt gefährlich. Das gilt besonders für Menschen von überdurchschnittlicher Sensibilität, wie Künstler es sind, die am Streß ihrer besonderen Empfindlichkeit zugrunde gehen, wenn ihre einzige Waffe, die Produktivität, versagt. Dabei ist sich Hesse stets der Fragwürdigkeit unserer Bewertung von Krankheit und Gesundheit bewußt: »Wir Künstler und Intellektuelle«, schrieb er im November 1929 an den Basler Pharmazeuten Arthur Stoll, »sind heute ja alle Neurastheniker – vielmehr wir haben eigentlich keineswegs ›schwache Nerven‹, sondern normale, und halten uns mit unseren zart schwingenden Nerven nicht für krank, sondern halten den heutigen Geschäftsmann, Techniker oder Sporthengst für entartet«, der sich im Lärm und der Hektik der Ballungszentren wohl fühlen kann, ja nicht selten sogar noch mit seiner Überforderung renommiert.

Daß sich die Hektik und unterschwellige Aggression durch die zunehmende Kommerzialisierung unserer Existenz meist auch in den Privatbereich fortsetzt, ist ein verhängnisvoller Teufelskreis. Statt wenigstens dort abschalten und auftanken zu können, verfolgt uns der Frust bis in den Schlaf oder macht sich Luft durch eine Flucht in die künstlichen Paradiese der inszenierten Sensationen, um die Stimmen zu übertönen, die gegen den denaturierten Lebensrhythmus aufbegehren. Es kommt zu einem Zuwachs an Lärm-, Betäubungs- und Gewaltbereitschaft wie noch in keinem Jahrhundert zuvor. Die Auswirkungen dieser Hyperaktivität auf Motorisierung, Medien, Musik, Film und Politik sind progressiv und schaukeln sich hoch bis zur Unerträglichkeit. Ein Regelkreis, den Hesse bereits zu Beginn des Jahrhunderts im *Steppenwolf* vorhergesehen und durchleuchtet hat. Neben dieser Explosion des Aktivismus, für den besonders die extrovertierten Naturelle anfällig sind, kommt es bei introvertierten Menschen nicht selten zu einer Implosion zunehmender Depressivität. Neuesten Statistiken zufolge rangiert heute in den Industrienationen die Depression noch vor dem Alkoholismus als meistverbreitete Volkskrankheit. Allein in Deutschland leiden bis zu 8 Millionen Menschen an depressiven Störungen, was dazu führt, daß sich jährlich etwa fünfundzwanzigtausend Menschen das Leben nehmen und außer Verkehrsunfällen der Selbstmord bei 15- bis 35jährigen inzwischen die häufigste Todesart ist. Auch diese Entwicklung finden wir am Beispiel des suizidgefährdeten Harry Haller im *Steppenwolf* thematisiert.

Vom *Peter Camenzind* bis zum *Glasperlenspiel* sind alle Bücher dieses Dichters ein einziger Widerstand gegen den falschen, den fremdbestimmten Streß, gegen die Hast und das Diktat des »möglichst viel und möglichst schnell« von Fließband und Stoppuhr. »Der Mensch, den ich suche und erwünsche«, schrieb Hesse im Dezember 1954, »ist der, der sowohl der Gemeinschaft wie des Alleinseins, sowohl der Tat wie der Versenkung fähig ist. Und wenn ich in meinen Schriften, wie es scheint, dem beschaulichen Leben den Vorzug vor dem tätigen gebe, so ist es vermutlich deswegen, weil ich unsere Welt und Zeit voll von aktiven, tüchtigen, rührigen, der Kontemplation aber unfähigen Menschen sehe.« Unsere Zeit übertreibe sowohl den Kult des Körpers wie den des Verstandes auf Kosten der Seele. Doch in dem Maße, wie der Dichter mit solchem Problembewußtsein schon damals gegen den Strom, gegen die Interessen der Industrie und Politik geschwommen ist, wurde er denn auch als anachronistisch, als rückwärtsgewandter Romantiker und weltfremder Innerlichkeitsapostel diffamiert. Wie ja stets diejenigen ins Schußfeld geraten, die ein Übel beim Namen nennen, statt derer, die es verursachen.

Aber mit der Beschreibung der Misere allein wäre noch wenig ausgerichtet gewesen. Unsere Literatur ist voll von Darstellungen und Dokumentationen vergangener und gegenwärtiger Mißstände. Auch mangelt es nicht an nihilistischen Visionen und Szenarien der Ausweglosigkeit, welche entweder auf pathetisch-existentialistische, auf mondän-ironische oder auf sarkastische Weise Endzeitstimmung verbreiten und diese damit eher bestärken als ihr etwas entgegensetzen. Ist doch das Feststellen von Defiziten ungleich einfacher, als ihrer Entstehung vorzubeugen. »Es fehlt nicht an Autoren«, antwortete Hesse 1935 auf einen Brief von Martin Flinker, »deren Verzweiflung an unserer Zeit und deren Angst vor dem Chaos echt ist. Es fehlt aber an solchen, deren Glaube und Liebe ausreicht, sich selber über dem Chaos zu halten.« Daß Hesse in seinen Büchern diesen Balanceakt immer wieder versucht, daß er sich nicht mit dem Lamento von Zustandsbeschreibungen begnügt, sondern, um den Alltag ertragen zu können, Auswege aus dem Dilemma entwickeln muß, unterscheidet ihn von den meisten seiner Kollegen und erklärt die ungleich größere, ja inzwischen weltweite Popularität seines Werkes. Denn die von Konflikt zu Konflikt ganz unterschiedlichen Lösungsmodelle, die er sich selber mit jedem seiner Bücher neu erschließen mußte, dienen auch dem Leser, der daraus Anstöße für die Bewältigung seiner eigenen Probleme entnehmen kann.

Die deutsche Literaturkritik hat es sich angewöhnt, dies mit dem Begriff »Lebenshilfe« verächtlich zu machen. Aber schadet sie sich damit nicht eher selber, indem sie, am Leben vorbei, eine der vitalsten Funktionen und Fähigkeiten der Kunst in Mißkredit bringt? Denn hat letztlich nicht alles, was Menschen ersinnen und zustande bringen, dem Leben zu dienen und muß sich durch Brauchbarkeit bewähren? Niemand kommt auf den Gedanken, einem wirksamen Medikament seine Lebenshilfe oder einer schmackhaften Mahlzeit die Steigerung unseres Wohlbefindens zum Vorwurf zu machen. Nur in der Kunstkritik wird das Hilfreiche als erbaulich, das Unmißverständliche als simpel und das Fesselnde als kulinarisch heruntergespielt, während kurioserweise in die Schriften der deutungsbedürftigen Dichter mit erstaunlich spekulativer Energie eben jene Aussagen hineininterpretiert werden, die man dort, wo sie offen zutage liegen, nicht wahrhaben möchte. Hinzu kommt die Irritation, daß sich Autoren wie Hesse fast allen der herkömmlichen kunsthistorischen Schematisierungen und Etikettierungen entziehen. Er ist so regional wie kosmopolitisch, Idealist wie Realist, stilistischer Traditionalist mit avantgardistischen Inhalten, introvertiert und doch weltoffen, religiös zwar, aber überkonfessionell, dem kontemplativen Weltbild fernöstlicher Kulturen ebenso aufgeschlossen wie dem Leistungsethos des Westens, zeitlos und zeitkritisch, Humanist und Nonkonformist, provokativ und zugleich versöhnlich. Auch kennt er keine Patentrezepte, wie sie die gängigen Weltbilder, politischen Ideologien, Religionen oder die verschiedenen Schulen der Psychoanalyse bereithalten. Seine Einsichten haben nichts Elaboriertes, weil es jedesmal spontane Reaktionen auf konkrete Herausforderungen sind.

So sind denn auch die meisten der in diesem Band versammelten Aussprüche keine isoliert und um ihrer selbst willen formulierte Sentenzen, sondern Antworten auf aktuelle Fragen und Probleme, die entweder von außen, von Lesern an Hermann Hesse herangetragen wurden, oder es sind Resultate der auf unterschiedlichste Weise in seinen Büchern dargestellten und gelösten Lebenskrisen. Je schwerer sie für den Autor zu bestehen waren, desto leichter sind sie zu lesen. »Denn alles, was wir Kunst oder objektivierten Geist nennen«, bemerkt Hesse in seinem Alterswerk *Das Glasperlenspiel*, »sind letztlich Resultate eines Kampfes um Befreiung … Ausbrüche aus der Zeit ins Zeitlose und in den meisten Fällen sind jene Werke die vollkommensten, welche von dem Kampf und dem Ringen, das ihnen voranging, nichts mehr ahnen lassen.«

Hesses weniger auf artistische Virtuosität bedachte als auf möglichst aufrichtige, auch die eigenen Unzulänglichkeiten nicht beschönigende Darstellungsweise schafft Vertrauen. Sie überzeugt durch Integrität und macht resistent gegen Massenpsychosen: »Was wir Gutes zu zeigen haben, das ist nicht aus feiler Anpassungsfähigkeit und glücklichem Zeitinstinkt entstanden«, schrieb er 1917 in einem seiner Artikel für die Kriegsgefangenenfürsorge, »sondern aus Charakter und Not, das meiste im Trotz und Krieg wider den Tag und seine nivellierenden Forderungen.«

Nichts ist heute – angesichts der vielstimmigen Beliebigkeit unseres von wirtschaftlichen Machtkonsortien und politischer Korruption beschleunigten Werteverlustes – notwendiger als glaubwürdige Orientierungsmöglichkeiten und eine unbestechliche Gegensteuerung aus der Kultur. Daß es so wenige Autoren gibt, die in der Lage sind, dies auf integre und konstruktive Weise zu leisten, ist kein Grund, aus der Literatur die Dimension des Humanen nun vollends als anachronistisch auszugrenzen und dies auch noch als Fortschritt zu feiern. Wer diese Verarmung als avantgardistisch preist, dient nicht dem Abbau des Streß, sondern vermehrt ihn. Denn Dichtung ist mehr als nur eine »Belustigung des Witzes und Verstandes«, wie heute die lautstärksten Unterhaltungskritiker uns immer wieder glauben machen wollen. Statt zu zerstreuen, dient sie der Sammlung. Und nur dort, wo sie den Leser beseelt, humanisiert und in allem bestärkt, was ein sinnvolles Leben ermöglicht, überlebt sie den Tag und verdient ihren Namen. Noch ein Jahr vor seinem Tod schrieb Hesse einer Leserin: »Letzten Endes muß alle Kunst, und namentlich die Dichtung, ihre Daseinsberechtigung dadurch erweisen, daß sie nicht nur Vergnügen macht, sondern auch direkt ins Leben wirkt, als Trost, als Klärung und Mahnung, als Hilfe und Stärkung beim Bestehen des Lebens und beim Überwinden des Schweren.«

Daß der Mensch seinen Intellekt zu erstaunlichen Leistungen kultivieren kann, ohne dadurch der eigenen Seele Herr zu werden, war für Hesse eine Grunderfahrung des Lebens in unserem Jahrhundert. Diesem Mißverhältnis entgegenzuwirken, ist eines seiner größten Anliegen. Das zeigt auch seine Antwort vom Dezember 1949 auf den Brief eines Geschäftsmannes: »Unser gehetztes Arbeitsleben nicht völlig seelenlos werden zu lassen, seinem Riesenmechanismus die Maße und Werte des Menschlichen und Organischen entgegenzuhalten, ist heute wohl die wichtigste Funktion jeder Kunst ...« »Wir wollen wo möglich einen Kern in uns bewahren, ein eigenes Schwergewicht, das uns daran hindert, mit in die sinnlose zentrifugale Schwingung gerissen zu werden, die immer unheimlicher wird und sich auch fern aller Politik in Tempo, Hetze und Unrast äußert.«

Gibt es eine bessere Indikation gegen den Streß?

Frankfurt am Main, im September 1999

Volker Michels

Benutzte Literatur und Quellen

Ausgewählte Briefe, Frankfurt am Main, 1974

Briefe an Freunde, Frankfurt am Main, 1977

Der vierte Lebenslauf Josef Knechts, Frankfurt am Main, 1986

Die Gedichte, Frankfurt am Main, 1977

Die Kunst des Müßiggangs. Kurze Prosa aus dem Nachlaß. Herausgegeben von Volker Michels, Frankfurt am Main, 1973

Die Welt der Bücher, Frankfurt am Main, 1977

Die Welt im Buch. In Zusammenarbeit mit Heiner Hesse herausgegeben von Volker Michels. Bd. 1, Frankfurt am Main, 1988; Bd. 2, Frankfurt am Main, 1998; Bd. 3, Frankfurt am Main 2000

Gedichte, Berlin, 1902

Gesammelte Briefe. In Zusammenarbeit mit Heiner Hesse herausgegeben von Ursula und Volker Michels. Bd. 1, Frankfurt am Main, 1973; Bd. 2, Frankfurt am Main, 1979; Bd. 3, Frankfurt am Main, 1982; Bd. 4, Frankfurt am Main, 1986

Gesammelte Erzählungen in 6 Bänden, Frankfurt am Main, 1977

Gesammelte Werke in 12 Bänden (GW), Frankfurt am Main, 1970

Italien. Herausgegeben von Volker Michels, Frankfurt am Main, 1983

Kleine Freuden. Kurze Prosa aus dem Nachlaß. Herausgegeben von Volker Michels, Frankfurt am Main, 1977

Lektüre für Minuten. Herausgegeben von Volker Michels, Frankfurt am Main, 1977

Politik des Gewissens. Die politischen Schriften. Herausgegeben von Volker Michels, Frankfurt am Main, 1977

Briefwechsel Hermann Hesse – Peter Suhrkamp. Herausgegeben von Siegfried Unseld, Frankfurt am Main, 1969

Hermann Hesse – Hans Sturzenegger. Briefwechsel. Herausgegeben von Kurt Bächtold, Schaffhausen, 1984.

Materialien zu Hermann Hesses Siddhartha. Bd. 1. Herausgegeben von Volker Michels, Frankfurt am Main, 1975

Unveröffentlichte Schriften und Briefe aus dem Nachlaß

Zeittafel

1877 geboren am 2. Juli in Calw/Württemberg
1892 Flucht aus dem evangelisch-theologischen Seminar in Maulbronn
1899 *Romantische Lieder*; *Eine Stunde hinter Mitternacht*
1901 *Hermann Lauscher*
1904 *Peter Camenzind*; Ehe mit Maria Bernoulli
1906 *Unterm Rad*. Gründung und Herausgabe der antiwilhelminischen Zeitschrift »März« (München)
1907 *Diesseits*, Erzählungen
1908 *Nachbarn*, Erzählungen
1910 *Gertrud*
1911 Indienreise
1912 *Umwege*, Erzählungen. Hesse verläßt Deutschland und übersiedelt nach Bern
1913 *Aus Indien*, Aufzeichnungen von einer indischen Reise
1914 *Roßhalde*. 1915-1919 im Dienst der »Deutschen Kriegsgefangenenfürsorge, Bern«
1915 *Knulp*
1919 *Demian*; *Märchen*; *Zarathustras Wiederkehr*.
1920 *Klingsors letzter Sommer*; *Wanderung*
1922 *Siddhartha*
1925 *Kurgast*
1926 *Bilderbuch*
1927 *Die Nürnberger Reise*; *Der Steppenwolf*
1928 *Betrachtungen*
1929 *Eine Bibliothek der Weltliteratur*
1930 *Narziß und Goldmund*
1932 *Die Morgenlandfahrt*
1937 *Gedenkblätter*
1942 *Gedichte*
1943 *Das Glasperlenspiel*
1945 *Traumfährte*, Erzählungen und Märchen
1946 Nobelpreis. *Krieg und Frieden*, Aufsätze

1951 *Späte Prosa; Briefe*
1952 *Gesammelte Dichtungen*, 6 Bde.
1957 *Gesammelte Schriften*, 7 Bde.
1962 9. August: Tod Hermann Hesses in Montagnola

1966 *Prosa aus dem Nachlaß; Kindheit und Jugend vor Neunzehnhundert.* Hermann Hesse in Briefen und Lebenszeugnissen 1877-1894
1968 *Hermann Hesse – Thomas Mann*, Briefwechsel
1969 *Hermann Hesse – Peter Suhrkamp*, Briefwechsel
1970 *Hermann-Hesse-Werkausgabe* in 12 Bänden.
1971 *Lektüre für Minuten*
1972 *Materialien zu Hermann Hesses Der Steppenwolf*
1973 *Gesammelte Briefe*, Band 1, 1895-1921; *Die Kunst des Müßiggangs*, Kurze Prosa aus dem Nachlaß; *Materialien zu Hermann Hesses Das Glasperlenspiel*, Band 1
1975 *Materialien zu Hermann Hesses Siddhartha*, Band 1
1977 *Kleine Freuden*, Verstreute und kurze Prosa aus dem Nachlaß Politik des Gewissens, Die politischen Schriften 1914-1962
1978 *Kindheit und Jugend vor Neunzehnhundert*, Hermann Hesse in Briefen und Lebenszeugnissen 1895-1900
1979 *Hermann Hesse. Sein Leben in Bildern und Texten* von Volker Michels
Gesammelte Briefe, Band 2, 1922-1935
1982 *Gesammelte Briefe*, Band 3, 1936-1949
1983 *Italien*. Schilderungen und Tagebücher
1986 *Gesammelte Briefe*, Band 4, 1949-1962
1988 *Die Welt im Buch I*. Rezensionen und Aufsätze 1900-1910
1993 *Materialien zu Hermann Hesses Demian*, Band 1, Entstehungsgeschichte in Selbstzeugnissen
1996 *Traumgeschenk*, Betrachtungen und Tagebücher über das Träumen
1998 *Die Welt im Buch II*. Rezensionen und Aufsätze 1911-1916